Anonymous

Eine Beleuchtung des katholischen Katechismus

der Diöcese Würzburg vom Jahre 1854 vom katholischen und protestantischen

Standpunkte aus mit Bezug auf die Gegenwart

Anonymous

Eine Beleuchtung des katholischen Katechismus
der Diöcese Würzburg vom Jahre 1854 vom katholischen und protestantischen Standpunkte aus mit Bezug auf die Gegenwart

ISBN/EAN: 9783743414228

Hergestellt in Europa, USA, Kanada, Australien, Japan

Cover: Foto ©Lupo / pixelio.de

Manufactured and distributed by brebook publishing software (www.brebook.com)

Anonymous

Eine Beleuchtung des katholischen Katechismus

Eine Beleuchtung

des

katholischen Katechismus

der Diöcese Würzburg vom Jahre 1854

vom

katholischen und protestantischen Standpunkte aus

mit Bezug auf die Gegenwart.

Eine biblisch – historisch – humoristisch – satyrische
Abhandlung.

Augsburg 1862.
Verlag der v. Jenisch- und Stage'schen Buchhandlung.

Vorwort des Herausgebers.

Veranlassung zu dem vorliegenden Schriftchen gab dem inzwischen verewigten Verfasser der neue Würzburger Diöcesan-Katechismus vom Jahre 1854, dessen gehässige Ausfälle auf den Protestantismus, besonders in seiner Religionsgeschichte, die Gebildeten beider Confessionen schmerzlich berühren mußten und daher auch eine wohlverdiente Rüge der kirchlichen Oberbehörden fanden. Die Schrift soll nichts weniger als ein Angriff auf Religion, Kirche oder irgend eine Confession sein; der Verfasser wollte nicht Partei nehmen und Gleiches mit Gleichem vergelten; er schrieb nur zur Abwehr jener ungerechten und ungegründeten Angriffe und zur nothgedrungenen Vertheidigung seiner Kirche dieses Schriftchen, das, auf Wahrheit und geschichtliche Thatsachen gestützt, beiden Kirchen Rechnung trägt und die Vorzüge und Mängel beider Confessionen willig und unparteiisch anerkennt, so daß sich bereits Geistliche und Laien über seinen Inhalt anerkennend ausgesprochen haben. Zu größerer Belebung wählte er die dialogische, humoristisch-satyrische Form und glaubt, bei der Bekanntschaft des Gegenstandes und bei dem allgemeinen Interesse der Gegenwart an den hier zur Sprache gebrachten Zeitfragen, den Gebildeten des höhern Bürgerstandes unter Katholiken und Protestanten eine anziehende und unterhaltende Lektüre zu bieten.

Inhaltsanzeige.

	Seite
Vorwort.	
Die Gegenwart	1
Der katholische Katechismus von 1854. Charakteristik im Allgemeinen	4
Tradition und Bibel — Bibelverfolgung — Bibelverbreitung — Bunsen's Bibelwerk. Vulgata . .	7—11
Das Papstthum. St. Martin's Ausspruch darüber. Das Crucifix, ein Symbol der Einheit der (römischen) Kirche	12—19
Kaulbach's Luther- und Reformationsbild . .	19
Gegenbild. Citate aus dem Katechismus .	20—22
Entgegnung	22
Napoleon I. über Cultusfreiheit . .	22
Weitere Ausfälle auf Luther	23
Entgegnung. Gebet des Papstes Pius IX. und Bannfluch des Papstes Clemens VI auf Kaiser Ludwig (Louis) den Bayer	23—24
Französische Revolution als Frucht der Reformation?!	25—27
Das 8te Gebot im katholischen Katechismus .	27—28
Des Apostel Petri Leben, beschrieben nach der Methode des kathol. Katechismus . .	28—29
Inquisition — spanische Inquisition . .	29—30
Cardinal Ximenes	31
Charakter und Opfer der spanischen Inquisition .	32—33
Bekehrungen der Jesuiten in Asien (nach dem Katechismus) — Vorboten der Reformation und Geburtshelfer. Kunst und Wissenschaft werden protestantisch	35—37
Einfluß des Protestantismus auf Staats- und Völkerleben — Stellung gegen das Papstthum .	38

	Seite
Die Broschüren, Adressen, Concordate der Gegenwart	39
Das Schillerfest auf der Sandwichsinsel Honolulu ꝛc.	39
Welsche Praktik	40
Laguerronniere und le Pape et le Congr. . .	42
Die Päpste als die ärgsten Protestanten . .	43
Das griechische Erarchat — die gegenseitige Beschenkung des P. Stephan II. und Pipin des Kleinen	44
Luther's gräuliches Katechismusbild .	47
Die Reformation, eine weltgeschichtliche, gottgewollte Begebenheit	47
Weitere Beschuldigungen gegen Luther und Widerlegung	48—55
Laguerronniere und die Broschüre . . .	56—58
Kaiserlich-französisches Papstthum . .	59
Römische Kirchenauctorität	60—61
Das römische Rückschrittssystem . . .	62
Geistig und politisches Slechthum Italiens .	63
Kirchliche Rückschrittsversuche — Trierer Rockfahrt — Macht des Fortschritts	63
Kunst und Kunstdenkmale (Luther in Wittenberg und Worms)	64—65
Unsere größten und edelsten Geister — die Religion, dem zwingenden kirchlichen Auctoritätsglauben gegenüber	65
Fernsicht aus dem Tief- und Jammerthale des Jahres 1860 auf die Hochebene anno 18,860	66
Was rettet ein unglückliches Volk? . .	69
Tridentinisches Glaubensbekenntniß — Gebete im Katechismus (katholischen) — die Lauretanische Litanei	70—71
Schlußwort auf das deutsche Vaterland . . .	71—72

Abkürzungen.

1) Der Katechismus-Repräsentant . . . K. = R.
2) Der deutsche Katholik . . . . K. od. Kath.
3) Der Protestant . . . . . P.
4) X. als satyrische Rolle . . . . X.

Vom Hekla und Krabla.

Der Katholik. Es gährt und kocht und sprudelt überall, als ob Europa ein einziger Vulkan wäre. Ja, die Menschen machen's dem Hekla, Krabla und Vesuv nach und der Napoleon ist so Einer von den Dreien! Zwei Neujahr-Wünsche, was anders, als Eruptionen eines feuerspeienden Berges! Ich meine die famosen Broschüren: „Italien und die Union," dann „der Papst und der Kongreß" 2c. 2c.

Der Katechismus-Repräsentant: Ja, das ist die heillose Schrift des Monsieur Laguerronière. In der feinsten Ironie will er dem heil. Vater den Kirchen-Staat mit seinen drei Millionen Unterthanen abschwatzen und ihn mit der dreifachen Krone vom alten Stuhl Petri auf einen Fußschemel herabsetzen. Er bleibt ja doch der größte Souverän über 200 Millionen Seelen! Da könnte er aber in der That weder Bürgermeister noch Gemeindevorsteher, sondern nur erster Stadtpfarrer in Rom werden!

Kath. Die Erhebung Italiens, der Aufstand im päpstlichen Gebiete selbst, und was noch daraus entstehen wird, neben dem Verluste der Lombardei für das geschlagene Oesterreich, ist eine höchst fatale Sache. Aber warum hat man's so weit kommen lassen, und sich zu gar keinen — Reformen entschließen können? und die gerechten Forderungen Italiens noch gar nicht befriedigt?

K.-R. Rom, Neapel und Wien halten an ihren alten Rechten und haben recht gethan, den Zumuthungen Frankreichs, Englands 2c. 2c., Reformen einzuführen, kein Gehör zu leihen.

Kath. Ich bin gut katholisch; aber ich will den Italienern wünschen, was wir in Deutschland schon lange haben: Zeitgemäße Verfassungen, freie Wissenschaft und Volksbildung, Anerkennung der allgemeinen Menschenrechte; Geistesfreiheit, Gedankenfreiheit und religiöse Duldung unter den christlichen Confessionen.

K.-R. Will nichts wissen von all dem menschenfreundlichen Klingklang hoher Wörter und Ideale, hinter dem im Grunde der Dämon der Revolution lauert, welcher seit Luther und der sogenannten Reformation, wollte sagen Glaubens-Spaltung, durch Europa verheerend und zerstörend schreitet.

Kath. Können Sie denn alle Zustände, alle Rechte und Gesetze eben darum, weil sie alt sind, vertreten? Da müßten Sie ja die Leibeigenschaft und das Faustrecht wieder einführen, die Buchdrucker-Pressen verbrennen, alle Erfindungen und Entdeckungen der neuen Zeit verwerfen, einen Columbus, Kopernikus, Keppler, Galilei abermals in Ketten und Gefängniß werfen.

K.-R. Wir wollen nur das bewährte Alte und Gute. Darum segnen wir das österreich'sche Concordat und die andern neuesten Vereinbarungen Würtemberg's und Baden's mit dem römischen Stuhle, welche die Freiheit der Kirche gerechter Weise zurückgeben, und sind der Freiheit und dem Fortschritte, wie w i r sie verstehen, durchaus nicht entgegen. Wenn die Kirche wieder frei ist (sie ist es aber noch nicht ganz) und ihre ganze Macht entfalten kann, dann wird sich auch der Krater der Blut und Feuer speienden Revolution schließen, eher nicht! Gottlob! wir sind mit Hilfe der unermüdet und unendlich segensreich wirkenden Ultramontanen und der heil. Väter-Jesuiten dem Ziele schon näher gerückt.

X. (tritt ein). Mit Vergunst, meine Herren, daß ich es wage; darf ich an Ihrem interessanten Gespräche Theil nehmen? Es kann nicht so ruhig in der Welt zugehen, die Menschen sind händelsüchtig und wollen was zu streiten und Neues zu hören haben, daher braucht man mich zu aller Zeit und überall ein wenig. Ich komme eben aus dem Himmel. Der Herr, vor dem ich auftreten durfte unter den Engeln und Erzengeln, er redete so herablassend und leutselig mit mir.

K.=R. Wer seid Ihr, Herr? Ihr seht mir so wunderlich und geistermäßig aus; ich wittere in Euch Etwas, das mir geheimes Grauen einflößen möchte.

X. (lächelnd). Nicht doch, Herr Doktor, die hochgelehrten Herren, zumal heut zu Tage, messen sich mit jedem Geist. Ich erscheine nicht mehr als nordisches Phantom, heiße nicht mehr T....., sondern mache als Baron v. Mephistopheles die Runde um die Welt, modern und elegant, als Diplomat und Gelehrter, selbst Marschall Vorwärts und Rückwärts, suche das Thun und Treiben der Menschen von Grund aus zu studiren, und, damit sie nicht in Geistesträgheit versinken, ein wenig Opposition zu machen.

Kath. Nun, so saget denn kurz und rund heraus, was Ihr für ein Geist seid, und von wannen Ihr kommt?

X. Zu dienen, Herr! Erstens komme ich her, um bei Gelehrten ein wenig gelehrt zu sprechen — vom Griechischen $\mu\varepsilon\mu\varphi o\mu\alpha\iota$ und $\sigma\tau\upsilon\varphi\varepsilon\lambda\iota\zeta\varepsilon\iota\nu$*). Zweitens: Dann, wie gesagt, gerade aus dem Himmel, aus einer Versammlung der Heerschaaren von Engeln und Erzengeln.

Kath. Ihr vom Herrn der Heerschaaren? von solcher Versammlung? Hat der Herr mit Euch gesprochen? und Was?

X. „Du darfst auch da nur frei erscheinen,
Ich habe Deines Gleichen nie gehaßt,
Von allen Geistern, die verneinen,
Ist mir der Schalk am wenigsten zur Last.
Des Menschen Thätigkeit kann allzuleicht erschlaffen;
Er liebt sich bald die unbedingte Ruh,
D'rum geb' ich gern ihm den Gesellen zu,
Der reizt und wirkt und muß als T..... schaffen.
Doch ihr, die ächten Göttersöhne,
Erfreu't euch der lebendig reichen Schöne?"

---

*) Memphomai = verleumben, anklagen; styphelizein = hart anstoßen; also Memphistyphelos (mit leichter Variation) = Mephistopheles, ein verleumberischer Plagegeist.

Was ich aber für ein Geist bin? Ich bin der Geist, der stets verneint!

K.-R. Verneint? — Willkommen dann! Ich habe tausend Nein diesem Herrn da hinzuwerfen, und muß die ganze neue Zeit mit lauter Nein garniren.

Protestant. Unser Gegenstand ist zu ernst, um eine Faust'sche Komödie (resp. Tragödie) daraus zu machen, und das negative Prinzip in persona unter uns sprechen zu lassen.

K.-R. Er müßte wenigstens tiefes Schweigen beobachten, wenn wir von Sachen des Glaubens reden.

X. Ich verspreche das getreulich zu halten, mich möglichst zu verleugnen, keinen Namen zu führen — und unter einem bloßen X. zu figuriren. Doch sei's mir erlaubt, das ernste Gespräch mit einigem Witz, Humor, Satyre zu würzen.

Alle. Es sei! aber hübsch Wort gehalten!

X. Wenn ich's recht vernommen habe, bezog sich Ihr Gespräch auf den gegenwärtigen Zeitlauf; wie's wallet und siedet, brauset und zischt! Ja, es glimmt viel unter der Asche, und lodert schon in hellen Flammen auf; Spektakula im Großen, Spektakula im Kleinen! Da hörte ich eben, „wie sich zwei Dorfschulmeister geprügelt hätten"; dort hörte ich, wie unschuldige Kindlein sich die Kameradschaft aufsagten: „Das war meine Freundin, aber jetzt nicht mehr! sie ist Protestantin!" (ein 7 bis 8jähriges Mädchen!) In jenem Ministerconseil ist man Jahrelang in Verlegenheit, wann und wie den endlosen Klagen über kirchliche Nothstände abzuhelfen sey?

Kath. Und woher solch Gebahren?

X. Der katholische Katechismus ist's — vom Jahre 1854! — Bagatell! und die Bibelchristen klagen und jammern darüber, als ob's ihnen um die Leber ging. Ist doch nur ein Buch, kein Schwert noch Scheiterhaufen! Ein trefflich Buch, das sich in Schulkindern und Lehrern so segensreich beweist und den Glauben so lebendig und wirksam macht, wie obige und andere Vorfälle beweisen! —

K.-R. Schon scheint mir die „unbekannte Größe" (X.) satyrisch zu werden. Ja, es ist ein vortreffliches Werkchen, das, Gottlob! in ganz Bayern verbreitet, in

Stadt- und Landschulen gelehret wird — besonders die meisterhaft geschriebene Religionsgeschichte!

Kath. Ich halte was Großes auf meine Kirche und freue mich dessen, was in ihr Gutes und Großes seit Jahrhunderten gewirkt worden ist; aber der Katechismus — i?

K.-R. Aber? Was soll das Aber? dient er nicht zur Verherrlichung unserer heil. Mutter-Kirche? zur Stärkung der Katholiken in Treue und Anhänglichkeit an dieselbe, und zum Abscheu gegen alles gewesene und werdende Ketzerwesen?

Kath. Der wahre Katholizismus hat nichts gemein mit dem rücksichtslos Verdammenden, Absprechenden und Vaterlandsfeindlichen. Er strebt nach Wahrheit und ehrt sie auch an dem Gegner. Er will den Himmel nicht allein besitzen, als wie ein kaiserliches Privilegium, und andere Millionen gläubiger Christen in die Hölle hinabstoßen, er will —

K.-R. — Er will — wollen Sie nicht auch noch sagen, alle Schismatiker, Häretiker, Juden und Türken gleich gerecht und selig, wie den gut katholischen Christen sprechen?!

Kath. Das habe ich gerade nicht gesagt, aber das Verdammen und fortwährende Verdammen, das Verdammen seit 1517 bis jetzt 1860 2c. 2c. will mir eben nicht in den Kopf. „Verdammet nicht," sagt der göttliche Stifter unserer heil. Religion ausdrücklich, „so werdet ihr nicht verdammet!"

K.-R. Sind Sie gar so ein Bibelanbeter, wie es die Protestanten größtentheils sind, die die Bibel doch nur falsch auslegen? Die Dekretalen der Päpste, die Beschlüsse der heil. Conzilien, und was die heil. Kirchenväter, die grundgelehrten Jesuiten-Patres uns über Kirche und Christenthum lehren, daran müssen sich die Laien halten!

Kath. Ich sag' es Ihnen noch einmal: Wahrheit! und Wahrheit gegen Freund und Feind! - Was aber nicht als reine, bewährte Wahrheit erweislich ist, muß man nicht behaupten und mit hinkenden Krücken stützen und in Ewigkeit halten wollen! Leider in mehr als 100 Stellen der Religionsgeschichte Ihres Katechismus haben Sie dagegen gesündigt. Offenbare Verstöße gegen alle Geschichte und Erfahrung! Entstellung von Thatsachen — —

K.-R. Glauben Sie, daß wir so unwissend und gewissenlos, so ungeschickt und unklug handeln?

P. Unwissend und ungeschickt? Ganz und gar nicht! — Sie haben so viele maskirte und unmaskirte Angriffe darin gemacht auf Luther und die Reformation, haben deren Blößen so sehr aufgedeckt und vergrößert, die scheinbare Schuld so meisterhaft benützt, um daraus die schwersten Anklagen zu schmieden. —

Kath. Dem muß ich beistimmen!

K.-R. Sie wagen es, sich einen Katholiken zu nennen, — und doch, was im Interesse der Kirche geschrieben, so zu verleugnen?

P. Ich könnte Sie Stelle für Stelle, Seite für Seite widerlegen mit hellen, klaren Gründen aus der Kirche selbst, aus der Offenbarung in den geschriebenen heil. Urkunden, aus dem ABC der Moral. — —

K.-R. Ja, ja, der Rationalist steckt hinter Ihnen, der Bibelanbeter, wie ich vorhin Sie nannte, haut ein und schießt und sticht auf mich los! Aber gut, daß nicht alle Hiebe und Kugeln der gezogenen und ungezogenen Kanonen treffen! auch die Ihrigen nicht! —

P. Warum nennen Sie mich einen Rationalisten, Bibelanbeter und Gott weiß, was noch? Ja, diese Bibel, — das Buch der Bücher, die heilige Schrift, diese Urkunde ist und muß auch den Katholiken ehrwürdig und heilig sein! Setzt sie ja kein Kirchenvater, kein Conzilium und kein Papst herab, sondern stützen sich auf sie, und Sie selbst, Sie im Katechismus wissen sie an rechter Stelle zu gebrauchen.

X. Sie wissen ja auch, wie Papst Alexander III. seine päpstliche Hoheit über alle Weltreiche und ihre Könige daraus bewies — mit den zwei Schwertern?*)

K.-R. Und von der Tradition, der mündlichen Ueberlieferung aus den Zeiten Christi wissen Sie gar

---

*) Die Jünger im Evangelium (Luk 22, 38) sprachen: Hier sind zwei Schwerter! Der Herr antwortete: es ist genug!" Somit habe Christus selbst unter jenen Schwertern die weltliche und geistliche Gewalt seiner Statthalter sanctionirt!

nichts zu sagen? Sie steht doch als eine Ergänzung und Berichtigung, als eine Fundgrube der schätzbarsten Nachrichten und Beweise für uns gegen die Widersacher, als wie ebenbürtig Ihrer Bibel zur Seite!

P. So hätte man die Bibel nicht, o wie oft schon! massenweise verbrennen und das Lesen derselben wie Raub und Mord bestrafen sollen!

K.-R. Wo ist das geschehen?

P. In neuester Zeit, noch nicht lange ist das edle Ehepaar Madiai in einem der italienischen Herzogthümer (Modena oder Toskana) zu den Galeeren verurtheilt worden, weil in ihrem Hause die Bibel gelesen wurde. Was sind die Folgen solch geistlicher und weltlicher Tyrannei in Italien. Hört man's nicht an den Klagen der vertriebenen Fürsten und an dem Abfall ihrer Untethanen? Selbst im lieben Oesterreich hatte man 40,000 Neue Testamente, wie man berichtet, die an die Protestanten in Ungarn von der Londoner Bibel-Gesellschaft gesendet wurden, mit Confiscation belegt.

Kath. Freilich ist's auffallend, wenn es auch eine Nothwendigkeit wäre, mit Bibel und Bibellesern also zu verfahren, und allerhöchsten Ortes die christliche Lehre darauf zu gründen. Aber nicht allein, daß bei uns Laien und Nicht-Laien die Bibel nicht recht gekannt und gewürdigt ist, auch bei den Protestanten finde ich Geringschätzung, offenbaren Unglauben in Ansehung derselben.

P. Ja Bibel und Gemeinde leiden jetzt Noth und werden verfolgt. Die Bibelchristen haben nicht mehr zu kämpfen um die Außenwerke, sondern um die Festung ihres Glaubens selbst. Von außen schwirrt und drängt die ungläubige Welt mit ihrem vorfluthigen Frevel und ihrem Schwindel und ihrer Geldgier, während im Innern grimmige Feinde von allen Seiten heranrücken. Diesem Angriff gegenüber steht der Sturmanlauf einer priesterlichen Partei mit ihren Ansprüchen auf unbedingte Herrschaft über den Staat und Gewissen der Menschheit, mit Todeskampf wider Freiheit und Wissenschaft, mit tödtlichem Haß gegen die Bibel.

Kath. Also auf beiden Seiten Kampf des Unglaubens gegen das biblische und geschichtliche Christenthum, wenn ich Sie recht verstehe.

P. Ja, während diese Erscheinungen die Massen aus ihrer Gleichgiltigkeit, die Gebildeten aus ihrer Selbstsucht und ihrem Stolze aufwecken und Alle zu ernsten Betrachtungen führen und führen sollten, wähnen Einige selbst auf Seite der ernsten Bibelforscher, es würden ein blindes Formenwesen und priesterliche Amtswürde und Machtvollkommenheit die Menschheit besser schützen gegen solch äußere und innere Noth, als das freie Walten des Geistes in der freien Bibelgemeinde. Sie schlagen der Bibel nicht weniger als der Vernunft in's Angesicht und verdrehen und entstellen das evangelische Christenthum durch spitzige Redensarten und nichtssagende Machtsprüche.

Kath. Sie werden sehr freimüthig und unparteiisch, indem Sie die Gebrechen in Ihrer Kirche selbst nicht schonen. Nach Ihrer obigen Behauptung wäre also für die leidende Menschheit wahre Abhilfe nur im freien Gebrauche, in lebendiger Erkenntniß und in inniger Liebe und Verehrung des Gotteswortes und der Bibel.

P. So ist es. Ein großes Gericht zieht heran; wir alle empfinden die Schwüle der Weltluft, welche die europäische Menschheit athmet, dies- und jenseits des Weltmeers. Die fernere Gleichgiltigkeit gegen das Wort Gottes ist strafbar in der Gemeinde und Volk, doppelt an ihren Lehrern und Regierungen und verderblich ist sie für Alle.

Kath. Wie für Regierungen und Völker?

P. Ist das Evangelium wahr, so müssen alle Zustände untergehen, welche mit dem Fortschritt des GottesReiches unvereinbar sind; und das Zeugniß der Geschichte geht eben dahin.

Kath. Wo ist die Bibel, die dem Laien das Wort Gottes recht und ganz erschließt?

P. Tolle, lege! rief eine Stimme dem KirchenVater Augustin zu. — Er nahm, las und wurde eine neue Kreatur. Suchet, so werdet ihr finden! Ein staunenswerther Fleiß ist auf dieses, wie auf kein Buch der Welt verwendet worden, besonders im 17. Jahrhundert, zu gemeindlichem Gebrauche, und seit 70 Jahren hauptsächlich für gelehrte Bibelkunde.

K.-R. Was aber haben Eure kritischen BibelForscher heraus- und hinwegkritifirt mit ihrem Unterschied über den Kanon, über die Integrität, Aechtheit der biblischen Bücher, mit ihren Polyglotten und Text-Berichtigungen?

Kath. Unsere Kirche, resp. unsere Theologen hätten fast den Protestanten Ehre und Arbeit überlassen und sich mit ihrer lateinischen Vulgata begnügt, wenn nicht Brentano, Dereser und Scholz das höchst schätzbare Bibelwerk unternommen und 43 Jahre — 1793 bis 1836 — fortgesetzt hätten.

P. Ja, diese Arbeit ehrt nicht allein die damalige katholische Kirche, sondern die ganze deutsche Nation. Dereser war seit Hieronymus der erste römische Geistliche, welcher die Uebersetzung des Alten Testamentes aus dem Hebräischen unternahm.

Kath. Aus diesem Bibelwerk empfingen auch die großen Lichter unserer Kirche, Weſſenberg und Hug, ihre erste gelehrte Weihe und eine ernste vaterländische Pfarr-Geistlichkeit im westlichen Deutschland wurde durch sie gebildet.

P. Aber die Blüthe jenes Geschlechtes ruht im Grabe bis auf jenen ehrenwerthen Patriarchen (Weſſenberg*) und Einige, nachdem sie noch im Greisenalter ihr muthiges Zeugniß gegen das Verbot der Priesterehe und Ausschließung der Muttersprache vom Gottesdienst abgelegt haben.

K.-R. Was hat man für das Christenleben durch Eure gelehrte Bibelkunde, Eure Berthold's, Gesenius und so Viele gewonnen?

P. Ich gestehe, daß während unserer kritischen Periode, als rationalisirende zugleich, Viele mehr nur ein literarisches, als religiöses Interesse bei ihren gelehrten Forschungen über den Kanon, die Authentie der biblischen Bücher, gehabt haben. Doch galt immerhin, um zugleich die ernsten, verdienstvollen Sammler und Forscher nicht zu übersehen, der immense Fleiß, die mancherlei so bedeutenden Kräfte — dem Buche der Bücher; und was tüchtige Männer zu Tage gefördert haben, kann später noch (und zum Theil schon jetzt) in dem Geiste

---

*) Dieser fromme Weise ist seit Kurzem gestorben.

und in der Hand eines Auserwählten seine Frucht für den Aufbau der wankenden Gemeinde tragen.

K.-R. Gehen wir doch einmal wieder zu was Anderm über!

Kath. Aber diese Episode ist doch der Besprechung ganz würdig, und war von großem Interesse für mich.

X. Vertiefen und verlieren Sie sich nur nicht zu sehr in die Bibel, Sie könnten Schiffbruch leiden und gar noch als an einem Rettungsufer — am Protestantismus des Ritters von Bunsen landen.

Kath. Wir haben aber auch, wie Sie gehört, Bibelwerke von katholischen Gelehrten, dem Dereser 2c. z. B. Bibeln von van Eß, Allioli.

P. Aber die Protestanten haben unstreitig die besten, gemeindlichen Bibelübersetzungen nach den ältesten, zuverlässigsten Handschriften — aus dem Urtexte geliefert, und liefern sie immer mehr, wenn auch erst noch in Anmerkungen, berichtigt.

K.-R. So! So! Ein solches gemeindliches Bibel-Werk, in volksthümlicher Uebersetzung, mit möglichst berichtigtem Urtext ist wohl das von Christ. Karl Josias Freiherr v. Bunsen?

Kath. Der Protestantismus darf sich seiner 30 Hauptbibelgesellschaften wohl rühmen, seiner größten zu London mit ihren mehr als 20 Millionen Bibeln, die sie schon allein verbreitet hat. Auch seines über alle fünf Erdtheile verbreiteten Missionswerkes.

P. Und wo ist noch ein Bibelwerk an's Licht gekommen, wie jenes, welches diese Gesellschaft bei der großen Welt-Industrieausstellung in London aufzuweisen vermochte, mit einer Bibel in 130 bis 160 Sprachen; zugleich ein herrliches Monument der Buchdruckerkunst und Sprachenkunde fast aller Nationen der Erde.

K.-R. Genug von Ihrer Bibel, Alles verlegt sich darauf, selbst Herr Christ. Karl Josias Ritter von Bunsen hat sich über die Bibel gemacht und will eine Bibel für die Gemeinde erscheinen lassen. Aber Hengstenberg hat ihn auf's Haupt geschlagen und er hat den Laien als Rationalisten und Pantheisten, als Offenbarungs- und Christusleugner todt geschlagen. So macht sich jeder Grammaticus und selbst Laicus hinter die Bibel und glaubt sie erforschen, erklären, besser als die Kirche auslegen zu können. Das ist eure evangelische Freiheit!

P. Sie haben unserm Bunsen das Todesurtheil gesprochen, das jüngste Gericht hat ihn noch nicht getroffen. Vierzig Jahre lang war sein Bibelwerk der bewußte Mittelpunkt seines Denkens und Forschens. A teneris im Kreise frommer Eltern mit aller Pietät gegen die heil. Schrift erfüllt, las er sie als angehender Jüngling von fünfzehn Jahren schon in den Ursprachen. Seine Welterfahrungen (22 Jahre als Gesandter in Rom, 15 in England 2c. 2c., sein Aufenthalt bei einem bibelbefreundeten und bibelgläubigen Volke und bei einem des Bibelwortes beraubten), belehrten ihn — was sie auf Geschichte und Charakter, äußere und innere Wohlfahrt des Volkes für Einfluß habe und wie ihr Fehlen dagegen sich räche? Seine seltene und reiche Begabung, seine staunenswerthen Sprachkenntnisse, sein Umgang mit den größten Geistern und Theologen des Jahrhunderts mögen das Vorurtheil entkräften, daß er, der Laie, unbefähigt und unberufen dazu gewesen sei. Trotz feindseliger Kritik von entgegengesetzten Seiten geht sein Werk zu Tausenden von Exemplaren in's Publikum.

Kath. Sie approbiren und empfehlen es also?

P. Ich bescheide mich, das Eine und das Andere zu thun. Das Werk lobt den Meister. Aber rühmen und freuen wollen wir uns ein wenig, daß wir solche Leute unter uns haben; daß ein Laie, Staatsmann und Philosoph seinen höchsten und schönsten Beruf darin gefunden hat, das Wort göttlicher Offenbarung an die Menschheit, lauter und rein (nach den genauesten Urtext-Berichtigungen), angemessen dem Bedürfniß eines großen Theils unserer Gemeinde (der Gebildeten und höher Gebildeten) mit gewissenhafter Benützung der von der Vorsehung ihm so reichlich dargebotenen innern und äußern Mittel in volksthümlicher Luthersprache an's Licht zu stellen, und Muße und Rüstigkeit des Greisenalters ihm zu weihen.

X. (zu K.-R.) Ihre Kirche hat sich die vielen Umstände erspart, und einen Schlagbaum vor die Bibel gelegt, der nach drei Jahrhunderten noch steht, wenn auch alle andern Schlagbäume in Deutschland gefallen sind.

P. Die Vulgata ist als Kirchenbibel sanctionirt und daher von jeder Berichtigung ausgeschlossen: keine Uebersetzung aus dem Urtext, sondern nach Uebersetzungen hergestellt, willkürlich entstellt, in mehr fast als 1000 Stellen falsch, da auch die Resultate der Urtextforschungen seit 300 Jahren keinen Eingang finden konnten.

X. Folglich kann die Bibel, Hr. Repräsentant, auch für Sie nur einen untergeordneten Werth haben, wenn Sie wissen, wie fehlerhaft ihr Text ist.

K.-R. Folglich habe ich recht, daß man die Tradition, die keine so genaue Textberichtigung verlangt, wohl mit Recht ebenbürtig der Bibel an die Seite, zuweilen auch über sie stellt.

P. Wäre sie nur keine so späte Nachgeburt des sechsten Jahrhunderts!

X. Sie, mein hochwürdiger Herr, ich kann's nicht unterdrücken, so sehr mich manche Händel gaudiren, — es war etwas zu gewagt, ja bei all Ihrer Geschicklichkeit und Klugheit — doch etwas ungeschickt und unklug — einen solchen Katechismus herauszugeben, da man bereits schrieb: eintausend achthundert fünfzig und vier. — —

Kath. Allerdings, aber damals stand doch der Zeiger der Zeituhr viel besser noch als jetzt, wo die Italiener ärger sind als ihr Vesuv, und die Unterthanen des Papstes selbst ihren Herrn verleugnen, das sichtbare und, leider schon lange, auch das unsichtbare himmlische Oberhaupt der Kirche; ein Viktor Emanuel begehrlich die Hand ausstreckt nach Westen und Süden, und — horribile dictu! — der Protestantismus in Toscana sich regt 2c.; jetzt, wo mein großer Fuchs wedelt und wedelt mit seinem Schwanze von Scorpionen, und die Zähne fletscht, Cardinäle und die ganze Klerisei besorgt und bange macht; der Mann des 2. Dezembers in Frankreich, von Villafranca und Zürich 1859, — der Heros erschreckender Neujahrsreden, — der Doktrinär der „natürlichen Gränzen" 2c.

K.-R. Sie möchten wohl gerne die Tradition umgehen und auf Buchstaben, papierne Denkmäler alles

Vertrauen setzen, wie ich aus dem langen Bibelgespräche merkte?

X. Ei freilich — wer wird das Gold der Wahrheit auch nur aus den bestaubten und vergilbten Quellen der Archive holen wollen? Geschichte machen, das macht Leben, nicht der „Buchstabe", der tödtet! Unser J. Paul nennt die ganze Weltgeschichte nur einen Roman, einen noch unvollendeten, einen Roman mit vielen Knoten, die hinter dem Grabe der Mitwelt erst ihre Auflösung finden sollen. Warum wirken Ritter- und Geistergeschichten so sehr auf die Nerven unserer Mitwelt? Weil sie aus Wunderbarem, Abenteuerlichem aller Art zusammengesetzt sind.

K.-R. Ja, Sie sind mir den Beweis schuldig, daß in 100 Stellen des Katechismus Falsches behauptet, Gerades krumm gemacht sei ec. ec.

Kath. Vorerst muß ich mich gegen Sie vor falschen Voraussetzungen sicher stellen. Ich erkenne das Sommepiskopat des Oberhauptes der römischen Kirche im Papste an, habe selbst eine Adresse an den heiligen Vater mit unterschrieben. Die Einheit der Kirche, die Einigkeit des Glaubens, die Lehre und die kirchlichen Einrichtungen weiß ich hoch zu schätzen; ich bedaure herzlich die große Trennung der Christenheit im 16. Jahrhundert; ich gebe selbst zu, daß ohne die kirchliche Gewalt in einer tüchtigen Persönlichkeit sich das Christenthum in den Zeiten der Völkerkindheit und Rohheit — in den Zeiten zügelloser Freiheit (und Ueber- und After-Kultur) in seiner Wirksamkeit nicht hätte erhalten können — noch sich würde erhalten haben. Die katholische Kirche zählt ein Jahrtausend, vom Papste beherrscht, — sie ist ehrwürdig durch ihr Alter, ihre Macht über Große und Kleine ec. Als heilige Väter haben die Päpste den ausgezeichneten Beruf, die christlichen Völker, unter ihrem Stab und Fischerring wie durch einen Zauber verbunden, — auf der Bahn des Wahren und Guten fortzuführen, und ihre geistliche Macht und Würde zum zeitlichen Heile der Menschheit auch gegen Tyrannei der Großen wirksam zu gebrauchen.

K.-R. Jetzt sprechen Sie ganz anders, so gefällt mir's von Ihnen!

Kath. Loben Sie den Tag vor dem Abend nicht; Sie könnten mich wieder schelten — einen Deutschkatholiken oder gar einen Revolutionär. — Ja zu mehr als 100 Stellen Ihres Büchleins kann ich nicht unbedingt Ja sagen; besser — Sie hätten geschwiegen, wie Sie Alles, was an und von den Akatholischen Wahres und Gutes ist und geschah, absichtlich verschwiegen haben! — Ja, der Papst ist das Oberhaupt der katholischen Christenheit, die Spitze der Kirche, geistlicher und weltlicher Herr zugleich; stellt somit zeitlich und weltlich die Oberhoheit des Heiligen, Unsichtbaren, Geistigen über alles Gemeine dar. — Aber ihr schadet seinem Ansehen und gebt den Gegnern Raum zu Spott und Hohn, wenn ihr ihn bis zu einem Dalailama erhebt, zu einem Quasi-Kollegen des chinesischen Kaisers, — zu einem chochinchinesischen Fürsten, der sich den Gebieter der Sonne nennt.

K.=R. Wo und wie ist denn das geschehen? an und von dem, der sich selbst Servus servorum nennt?

Kath. Das geschieht und ist geschehen — wenn ihr ihm volle Heiligkeit, Unfehlbarkeit in allen Aussprüchen, seien es auch nur die in Glaubenssachen, — vindicirt; wenn ihr ihn zum ausschließlichen Herrn der **ganzen** Christenheit — über 300 Millionen macht, und allen Widerspruch gegen ihn für Ketzerei erklärt; wenn ihr seine mit der Zeit gewonnene Allmacht fast von Adam und Eva her, zuversichtlich schon vom Herrn Christus selbst herleitet, oder von Petrus; wenn ihr ihn ohne alle Einschränkung zum Statthalter des erhöhten Sohnes Gottes macht, und seine erhabenen Worte: „Mir ist gegeben alle Gewalt 2c. 2c." so auslegt und anwendet, als ob nach göttlichem Recht und Willen die Päpste alle Gewalt im Himmel und auf Erden ererbt hätten, wenn — —

K.=R. Genug, genug Wenn; mit lauter Wenn fahren Sie mit Luther, Calvin, Zwingli, Voltaire 2c. 2c. in die Hölle.

Kath. Ohne Wenn und Aber ist auch nichts in der Welt. Ohne die bedingenden Wenn und — Wenn nicht; ohne die beschränkenden Aber! Aber! — hätten die Päpste keine dreifache Krone, — gäbe es keine solche Einheit der römisch-katholischen Kirche; aber auch kein protestantisches Norden, kein halbprotestantisches Deutschland, ja auch keinen so unheilstiftenden Luther in eurem Katechismus — —

K.-R. Was noch weiter nicht?

Kath. Keine Volkserziehung und Volksbildung, keine Toleranz und Toleranz-Edikte, keine freien Verfassungen 2c. 2c. —

K.-R. Die unbedingte, päpstliche Autorität, die unvergleichbare Einheit der Kirche — wollen Sie anfechten?

P. Das Christenthum selbst ist vom Kleinen und Niedrigen allmälig zum Großen und Hohen in der Welt emporgestiegen; aus einer 300 Jahre lang schwer verfolgten Gemeinde, ohne andere Hirten, als den himmlischen Oberhirten, ist eine herrschende Staatskirche, umgeben und angethan mit wachsendem Glanze und Macht nach Außen und Innen geworden. Sie aber stellen die Thurmspitze auf den Grund und behaupten, was gegen die unleugbarsten Zeugnisse der Profan- und Kirchengeschichte ist.

K.-R. So! z. B.?

Kath. Sie nöthigen mich, was ich ungern thue, da ich einmal Katholik bin und sein will, — auf das Einzelne einzugehen — Ihre Kunst im Auslassen, Verschweigen, Vermischen, Verleugnen, Ignoriren, bösen Leumundmachen — meisterhaft zu üben — müßte man beneiden, wenn sie nicht so gemein wäre.

K.-R. Daß doch die Buchdruckerkunst beim Teufel wäre, von dem sie herstammt! die fliegenden Schriften in der Welt, wie Heuschreckenschwärme! dann —

Kath. Nun — solche Ketzerschriften von Leipzig, Wittenberg 2c. 2c. hätte ich wohl auch nicht zu lesen bekommen ohne die Buchdruckerkunst, und die Schnell-Pressen, Eisenbahnen und Telegraphen noch dazu! wo Waaren- und Ideenaustausch im Fluge durch alle Länder und Zungen gehen. Aber zur Sache, zu den klassischen Stellen Ihres Buches. Nach S. 28 hatten die Päpste den Vorsitz in den Concilien schon in den ersten und darauffolgenden Jahrhunderten, ihre Aussprüche, wie die der Päpste, unter Zustimmung der Concilien wären unfehlbar. — Da hat Sie ein Anachronismus und ein Transcendentalismusfieber zugleich überfallen! — Was soll ich Ihnen sagen, was jede Profangeschichte Ihnen sonnenklar vorhält? daß die griechischen Kaiser die Synoden zusammen beriefen aus Morgen- und Abendland, daß nie ein römischer Bischof a priori den Vorsitz gehabt — noch ihre Beschlüsse sanctionirt, sondern daß die Kaiser ihnen Gesetzeskraft und Geltung gegeben oder versagt haben; wie überhaupt der griechische Hof eine große Rolle dabei spielte, selbst Weiber, wie Pulcheria und Eudoxia! — wie die Synode zu Ephesus den Bei-Namen „die Räubersynode" erhielt, weil die Spieße und Prügel bewaffneter Matrosen dem heil. Concilio mitpräsidirten, wie einst die Grenadiere Napoleons dem Nationalconvente in Frankreich!

K.-R. Da vergeht Einem Hören und Sehen — und das katholische Bewußtsein möchte laut aufseufzen; — so überfluthen Sie Einen mit moderner Gelehrsamkeit und Wissenschaft.

Kath. Nicht modern — antique! alt genug sind die Constanzer und Basler Sessionsprotokolle der allgemeinen Concilien (zu Constanz und Basel), und nicht unbesonnen und übereilt rathschlagten und beschlossen jene Herren, und der edle Freiherr von Wessenberg gab sich die Mühe, aus den vergilbten Akten sie der jetzigen Welt lesbar und genießbar zu machen.

K.-R. O, der Wessenberg und der Sailer! warum denn immer nur solche Leute? und von keinem Vischering, Hermann und Rohan oder von unserm Hohenlohe?

Kath. Was hilft's, wenn ich Tage lang beweisen und widerlegen wollte aus der Geschichte; — hundertmal Widerlegtes wärmt ihr hundertmal wieder auf. Wenn man euch schwarz auf Weiß, ganze Folianten vor die Augen und Ohren hält, — ihr verzieht das Gesicht in ärgerlicher Miene, zieht den Kopf zurück, drückt und schließt die Augen und Ohren zu und murmelt so was — wie: „muffiger Ketzer!" in den Bart!

X. (gähnt). Langeweile — ihr Herren Gelehrte — das ist nichts für einen Weltmann. „In Lebensfluthen, Thatensturm wall' ich auf und ab!"

Kath. Geduld — das kommt noch Alles — und gleich jetzt. Die Gregore, Innocenze, Alexander, Bonifazius 2c. 2c. haben Lebensfluthen, Thatensturm gemacht! Die Könige in Frankreich, nochmehr die Ottonen und Heinriche, in Deutschland vor Allem die Hohenstaufen — haben sich Jahrhunderte lang in Kampf und Streit mit den heiligen Vätern gemessen. — Die Deutschen könnten meilenweit im Blute ihrer ritterlichen und nicht ritterlichen Jugend bis über die Knöchel waden — so viel Blutströme hat's gegeben mit Italien, Rom und Neapel —

K.-R. Und was für ein Ende hat's genommen mit Denen, die die Kirche verflucht hat als ihre Feinde?

Kath. Die Kirche? Wollen Sie nicht richtiger sagen — die Päpste? nach ihrer Machtvollkommenheit?

K.-R. Nun ja; wir alterniren mit den Ausdrücken, und gebrauchen Kirche für Papst und Papst für Kirche, Geistlichkeit für Kirche, Religion für Kirche, — Freiheit für hierarchischen Zwang 2c. und umgekehrt.

X. Das heiß ich klug; da kann man Einen nicht packen, man verwandelt sich wie Proteus in allerlei Gestalten.

K.-R. Der letzte Hohenstaufe, der Bube Conrad IV., mit dem Kirchenbanne beladen, bei den Deutschen in der Kaiserwahl durchgefallen, büßte auf dem Schaffot — und seines Oheims (Manfred) Kinder und Gemahlin im Kerker.

P. Dafür, daß sie ihr rechtmäßiges Königreich Apulien gegen des Papstes Willen zurückforderten. Wahr ist's; aber traurige Wahrheit; das Kaiserthum unterlag im 100jährigen Kampfe mit dem Papstthum! Aber seine Macht hatte den Gipfelpunkt erreicht; sie sank nach gewaltigen Streichen, welche die Waiblinger mit allen guten Deutschen gegen die Hierarchie führten, zusehends herab bis zur Babylonischen Gefangenschaft (Avignon), bis zu den drei Päpsten, die sich gegenseitig excommunicirten.

X. Nicht doch, ihr Herren! Mir hat das Mittelalter theils recht wohl gefallen. Ritterthum, Papstthum, Mönchthum, — Kreuzzüge 2c.! Da war die Romantik am Leben! — Der Papst, ein zweiter Jupiter, schleudert den Bann wie Blitzstrahlen auf Länder und Fürsten! schickt bei 200 Jahre lang ganz Europa zum heiligen Grab in's Morgenland, tritt dem stolzen Kaiser Friedrich (I.) auf den Nacken, — läßt den leichtfertigen Heinrich barfuß im Vorhofe (zu Canossa) stehen drei

Tage und drei Nächte. — Ja, die Geschichte — die Papſt- oder Kirchengeſchichte des Mittelalters iſt ein großartiger Roman!

P. Ich will das Papſtthum als ſolches nicht ſchmähen, wie Stockproteſtanten thun; es hatte ſeine große Beſtimmung in der Culturgeſchichte der europäiſchen Menſchheit; aber man kann die Päpſte nicht ohne Ausnahme, wie nicht alle Regenten, bis zum Himmel erheben. Sie müſſen bedenken, daß bei den verſchiedenen Wählern und Wahleinflüſſen (Kaiſer, Römer, Kardinäle, Deutſche, Spanier, Franzoſen ꝛc.) nicht immer die wahre Minerva aus Jupiters Haupt ſprang! War ja auch ein Judas unter den Zwölfen! hat ja ſelbſt der heilige Petrus den Herrn einmal verleugnet!

K.-R. Nun, die Päpſte ſind einmal Päpſte; wer will's wehren? in possessione ſeit 8—900 Jahren!

Kath. Das habe ich oben geſagt; ſie ſind in possessione; ausgeſtattet mit geiſtlicher und weltlicher Gewalt, wie kein Souverän in Europa. Damit ſollet ihr's gut ſein laſſen und nicht die alten Canones, Decretalia, Anathemata u. dgl. immer hervorziehen und vor Allem allein gültig machen. Sie hoben ihre Hand zum Segen und — zum Schlagen empor.

K.-R. War oft nicht anders möglich! Sie thaten's mit Thränen! Die Einheit der Kirche erforderte draſtiſche Mittel gegen ihre vielen, mancherlei Feinde! — „Ἐις βασιλευς, ἐις κυριος εστω!" ſagt ſchon der alte Homer. — Ein Papſt und Ein Kaiſer! war Sprichwort in guter, alter Zeit. — Eine Kirche — Ein Glaube, ein Cultus all überall!

Kath. Noch finde hier das klaſſiſche Wort eines unparteiiſchen Franzoſen, des St. Martin, eines Katholiken, Gehör:

„La force du Papisme est le Catholicisme,
La foiblesse du Catholicisme est le Papisme."

P. Dieſe Einheit und Einigkeit hat nie beſtanden. Und was berechtigt zu dieſer ungeheuren Forderung, daß alle Geiſter einer wie der andere, zu aller Zeit denken, glauben und beten ſollen? Iſt's möglich, auch nur im Mechanismus, zwei Uhren in ganz gleichen Gang zu bringen?

X. Will euch sagen, liebe Herren, das Kreuz ist das Symbolum und Principium jener Einheit. — Die Hohenpriester, Schriftgelehrten, Pharisäer und das Volk haben zusammen: Pereat! geschrieen, und euern Gott und Herrn an's Holz genagelt. Seht, das ist eine recht vorbildliche Einheit! Euer Christus ist eure heilige Religion, die Kirche ist das Kreuz, daran die Religion hanget und mit großen Nägeln durchbohrt ist.

Kath. Mit Nägeln? Wie ist das zu nehmen?

X. Nun ja, das sind die scharfen, spitzigen, etwas schmerzhaften Mittelchen, mit denen man die Einheit und Einigkeit der Kirche zu erhalten und herzustellen suchte!

K.-R. Das ist malitiös, uns mit den jüdischen Hohenpriestern 2c. 2c. zu vergleichen, und die schöne Einheit der Religion und Kirche mit Holz und Nägeln. Die Kirche ist mit Blut gegründet, mit Blut gewachsen! aber sie vergießt kein Blut! Der weltliche Arm hat das traurige Amt, die Störrigen und Unbußfertigen leiblich zu strafen, damit doch die Seele noch gerettet werde!

X. Schön, mein Herr Bruder, ist mir wie aus der Seele geredet! Papst und Inquisition nennt man nicht — man vertuscht sie mit Kirche Und das Blut der Millionen hat nicht einmal die Kirche (d. h. eigentlich die Geistlichkeit) vergossen — sondern das brachium saeculare, gut genug, der Nachrichter zu sein!

Kath. Lassen wir das unerquickliche Thema fallen! Der Deutschen Lieblingsdichter sagt: „Das Alte weicht — es ändert sich die Zeit — Und neues Leben blüht aus den Ruinen!" Wir leben einmal, die wir jetzt leben, nicht mehr im zwölften, auch nicht mehr im sechszehnten und siebenzehnten, sondern — im neunzehnten Jahrhundert und können unsere Augen und Ohren, Gedanken und Gefühle nicht so ganz in vergangene Jahrhunderte zurückbannen, als ob die Gegenwart mit ihren Schöpfungen, Trieben und Kräften gar nicht wäre! — Haben Sie von Kaulbach's Bildern der Reformations- und Neuzeit gehört, wie sie im neuen Museum zu Berlin sollen dargestellt werden?

P. Eine treffende, — sinnige Veranschaulichung der Neuzeit und ihrer Ideen!

K.=R. Mag nichts von der Umsturzzeit und den Männern hören, die so viel herrliche Institute, Rechte, Sitten und Gebräuche der Kirche zerstört haben!

Kath. Also auch nichts von Kopernicus und Keppler, Galiläi und Christoph Columbus, von Guttenberg 2c.? ich will, Ihrem Ohre zu lieb, von dem Luther, Calvin 2c. 2c., zu welchen Engländer, Deutsche, Franzosen, schaarenweise treten (im Museum) nichts sagen, sie aber bilden dort den Gipfelpunkt des Ganzen; auch nichts von Albrecht Dürer, Reuchlin, Erasmus und Melanchthon 2c.

K.=R. Der Columbus, Kopernicus und der Keppler sind im Grunde auch Neuerer, Revolutionäre oder Vorarbeiter darauf hin.

Kath. Neuerer, Revolutionäre sagen Sie? — In der Sternenwelt, Naturwelt, Erdenwelt und Kunstwelt. Ja! Sie haben gegen die Unwissenheit, die Beschränktheit der alten Welt und ihr morsches Gebäude agirt, mit Leibes= und Lebensgefahr die Neuzeit verkündigt oder sind die Hebammen bei ihrer Geburt gewesen! — Ich weiß, was Ihnen besser gefällt, und was auch immer zum ungelösten Problem unsers Gespräches gehört, ein weiteres Stück aus Ihrem Katechismus=Herbipolensis! — Nicht wahr? —

K.=R. Allerdings! Das ist alter Wein und bewährte Wahrheit!

Kath. So fahren wir auf Seite 35, 36 — fort, und besprechen das Gegenbild von Kaulbach's Luther und der Reformation.

K.=R. „Aufruhr gegen Kirche und weltliche Obrigkeit, lange vor, immer mehr und ärger vor, in und nach der Glaubensspaltung! Der Empörungsteufel" — —

P. Bitte, Herren, discreter in meiner Gegenwart von unsern Glaubenshelden 2c. zu sprechen! —

K.=R. „Der Empörungsteufel Luthers gegen Papst und die heilige Mutterkirche war schon in Arnold von Brescia, Savonarola 2c. 2c. gefahren; hatte ein Heer von Antichristen und Antipapisten in den Albigensern und Waldensern, Wiklefiten und Hussiten erzeugt. — „Wie eine ansteckende Seuche haben sie die beklagenswerthesten Uebel — sittliches Verderben, Zerstörung der segensreichsten Stiftungen, namenloses Elend für Zeit und Ewigkeit verbreitet!" (S. 36 ibid.)

X. Räsonniren Sie, Herr, diese Leute nicht ganz in die Hölle hinein; ich selbst kann ihnen nicht so gram sein, als Sie! — Sie haben zwar etwas viel Krawall gemacht, aber doch die Weckuhr gezogen; die Heiligen hatten sich in Klöster versteckt, — die Lichter der Kirche brannten trübe, und die Augen der Zionswächter waren schläfrig geworden, sie selbst — faul und kalt! —

Kath. Fahren Sie nur, Herr Repräsentant, ungescheut fort!

K.-R. Da kam der Luther; (er macht 3 Kreuze!) — der Teufel war jetzt erst los, hier und an allen Enden! „Luther, ein Mann von heftiger Gemüthsart! ein eigenmächtiger Reformator! — Bestreiter der päpstlichen Macht! Verwerfer vieler Glaubenslehren von Jesu und den Aposteln! die heiligen Meßopfer, Ohrenbeichte und Seelenmessen abschaffend, die guten Werke (hört! hört) für unnütz erklärend, und Alles, Alles auf den Glauben werfend! So müsse man gerecht und selig werden!"

X. Klage, ach wehe!

K.-R. „Er öffnete die Klöster der Mönche und Nonnen, — verschenkte ihre Güter an habsüchtige Große; — brach sein heiliges Ordensgelübde und machte das Sündenmaß voll, als er eine entlaufene Nonne zum Weibe nahm."

P. O herrschsüchtiger, leidenschaftlicher, verbrecherischer Luther! —

K.-R. Recht so, daß Sie den Erzketzer — den — — brandmarken!

Kath. Wie lesen Sie weiter im Katechismus?

K.-R. „Er scheute nicht leicht ein Mittel zum Zwecke: darum erlaubte er dem Landgrafen von Hessen, zwei Weiber zu nehmen, — blieb unversöhnlich, als man ihm Vergleich und Frieden anbot. Er hatte die Freiheit gepredigt, d. h. über Kaiser, Reichsfürsten, Papst und Bischöfe zu schmähen und selbst geschmäht; den entsetzlichen Bauernkrieg und andere Kriege, den 30jährigen namentlich, mit ihren unendlichen Greueln und Verwüstungen; die blutigen und langjährigen Kämpfe in der Schweiz, Frankreich und England, wobei Priester und

Mönche schaarenweise gemordet wurden, das Alles hat er herauf beschworen."

X.- Ein rechtes Specimen, würdig eines jungen Diabolus, der sich zum Teufels-Advokaten bilden will! Aber ein ergrauter, erfahrener Diabolus hätte doch nicht so viel Feuer in seine Anklage gebracht! Etwas ungeschickt von Ihnen, muß ich schon sagen! Die Leute lassen sich schon Sand in die Augen streuen, aber mit Handvoll Sandes darf man's nicht wagen!

Kath. So meine ich auch. Mag man über Luther und die Reformation urtheilen, wie man will; daß nur „die unbesonnene Menge die bequeme, dem sinnlichen Menschen zusagende Lehre," wie Sie sie nennen, aus Unbesonnenheit und sinnlicher Lust angenommen habe, das können Sie ganz und gar nicht beweisen.

P Die Sinnlichkeit und Unbesonnenheit wäre ihnen bald vertrieben worden. Mit Schwertern, Scheiterhaufen, Foltern, Exil, Wasser, Feuer ist man ihnen zu Leibe gegangen; — nichts konnte solche Unbesonnenheit vertilgen! Hundert-Tausende flüchteten aus ihren schönen Wohnsitzen in Frankreich über Rhein und Kanal a Manche. — 29 pasteurs de désert! — Die Köpfe dieser Glaubens-Helden ließ man unter dem Henkerbeil fallen; zerstört hat man ein Jahrhundert und darüber ihre Kirchen und Gemeinden, zahlreich und blühend; — aber sie haben alle Höllenproben bestanden! Jetzt ist ihnen doch freieres Spiel und freie Hand im katholischen Frankreich und selbst unter dem kaiserlichen Gevatter des Papstes und schon unter Napoleon I. gelassen.*)

---

*) Napoleon I. Erklärung an die zu seiner Krönung abgeordneten reformirten Geistlichen (Theol. St. Jahrgang 1844): „Mein fester Wille geht dahin, die Cultfreiheit aufrecht zu erhalten. Die Gewalt des Gesetzes hört da auf, wo die unbestimmbare Gewalt des Gewissens anfängt. Das Gesetz und der Fürst vermögen nichts gegen diese Freiheit. Dieß sind meine Grundsätze. Wenn irgend einer meiner Nachfolger aus meinem Geschlecht den Eid, welchen ich geleistet, brechen sollte, so weihe ich ihn dem öffentlichen Tadel, und autorisire Sie, ihm den Namen Nero zu geben.

P. Sehen Sie — man muß den Mund nicht zu weit aufthun! Nothlügen halten Viele für erlaubt; aber so dick und handgreiflich dürfen sie nicht sein, wenn man auf die Länge Credit behalten will. Den Luther malt ihr fast wie einen Mazzini unserer Tage hin, gar viel schwärzer! er ist euch ein Hochverräther an Staat und Kirche, an Mitwelt und Nachwelt, an Zeit und Ewigkeit zugleich! Auf ihn werft ihr die ungeheure Schuld all des unsäglichen Elendes, was vor ihm, unter ihm und nach ihm auf der gotterlöseten Christenheit lastete.

X. Sie machen's zu arg dem Herrn Bruder Groß-Inquisitor!

Kath. Erinnern Sie sich an das, was ich oben gesagt habe. Lesen Sie selbst, Herr X, Seite 38 u. 39 dem Herrn da vor. — Ich habe keine Sylbe zu viel behauptet. Cayenne und Lambessa sind zu gut für einen Menschen, wie Er den Luther hinstellt, — auf den Welt-Pranger!

K.-R. Beweisen Sie mir halt das Gegentheil! —

Kath. Beweisen? ich? Sie in Verlegenheit bringen? noch immer beweisen? Der größte Mathematiker müßte Ihnen beweisen, und Sie nehmen den Beweis doch nicht an!

K.-R. Ich und meines Gleichen sind nicht leicht verlegen, noch schamroth zu machen.

X. Das wäre auch weibisch und spießbürgerlich!

Kath. Vierhundert Jahre könnten Sie Ihrer Falsa und Uebertreibungen überführen! bänderreiche Werke und Folianten von Männern der heiligen Concilien und der letzten ökumenischen zu Constanz und Basel, von Männern vor und nach der Reformation könnten Ihnen die Augen öffnen! — Die Tagesgeschichte schreit es Ihnen mit Stentorstimme und Kanonendonner in die Ohren; „aber mein Volk hört es nicht und Israel achtet's nicht!" *)

K.-R. Hat denn nicht die katholische Christenheit so viel bei der großen Umwälzung gelitten? S. 40 des Katechismus erinnert sehr stark daran!

---

*) Prophet Jesaias.

Kath. Leider! wenn ein Glied leidet, leidet das Ganze! und die Glieder desselben Leibes wurden mit scharfen Messern und Brandmalen vom Leibe abgeschnitten und weggebrannt! Dem Angriffe auf Tod und Leben — folgt natürlich Widerstand auf Tod und Leben. Und wer hat meist zuerst den Handschuh hingeworfen? wer hat die ewigen Menschenrechte beharrlich verleugnet? — War das, was man im 15. und 16. Jahrhunderte that und verlangte, zum größten Theile schon auf der ökumenischen Synode in Constanz und Basel, — so falsch und verderblich? — Warum ist jetzt Toleranz? wohnt friedlich und nachbarlich der Katholik neben dem Lutheraner — in Einem Hause, und unter Einem Gesetze und Herrn? Warum schleudert der Papst keinen Bannstrahl mehr auf Napoleon 2c. 2c.?

K.-R. Und belegt nicht Toscana und die Romagna mit dem Interdict?*) sondern betet für ihn ganz christlich?! „Wir beten," sagt der heil. Vater, „daß der Kaiser mit Hilfe des Lichtes aus der Höhe die Falschheit gewisser Grundsätze erkenne" 2c. 2c.

Kath. Ein ganz anderer Ton, als Clemens VI. in seiner Bannbulle den 13. April 1346 gegen den edlen Kaiser Ludwig den Bayern anstimmte. „Schmettere ihn zu Boden, allmächtiger Gott! Schlage ihn mit Blindheit und Raserei! Schleudere deine Blitze auf seinen Scheitel, daß die Erde unter seinen Füßen berste, und der Abgrund ihn verschlinge! Verflucht sei er diesseits und jenseits, verflucht sei sein ganzes Geschlecht!" **)

K.-R. Davon sollten Sie doch besser geschwiegen haben! Die Fehler des Nächsten, heißt es in meinem Katechismus, soll man nicht ohne Noth aufdecken! Und was Einer that im heiligen Zorn, haben das Alle verschuldet?

Kath. Nicht Alle mit so furchtbaren Worten! — aber Jahrhunderte sind Bannbullen, wie Kartätschenkugeln, über die europäischen Länder von Rom aus geflogen.

---

*) Ist freilich jetzt, nach langem Zögern, doch etwas indirect noch, und ohne Interdict — geschehen.

**) Siehe Duller's Geschichte des d:utschen Volkes pag. 314. Berlin, 1845.

X. Ganz andere Zeiten jetzt! Daß der heilige Vater betet für seine Feinde, daß sein eigenes Volk wider ihn aufsteht,*) — Victor Emanuel und Graf Cavour —

K.-R. Diese ungerathenen Kinder der Kirche! blutige Thränen möchte ich weinen! lauter Folgen der unseligen Glaubensspaltung! der französischen Revolution 2c. 2c. „Grauenvolle Ereignisse bleiben uns noch zu erzählen übrig."

Kath Sie haben sie auch schwarz wie die Hölle gemalt! Wir lesen in Ihrem Katechismus S. 45 2c. 2c.: „Gern möchten wir dieselben übergehen, wenn sie nicht höchst belehrend für uns wären!" Damit machen Sie den Uebergang zur leidigen Sectirerei, Freigeisterei und zum Unheil des Unheils, der französischen Revolution, die Sie so wortreich schildern, als ob Sie eine Revolutions- und keine Religionsgeschichte hätten schreiben wollen!

X. Sie haben hier wieder die große Kunst geübt, die Sie von mir gelernt haben und übertreffen fast Ihren Meister. Macte, mi fili! (Brav, mein Sohn!)

Kath. Ihr Eingang ist die eherne Brücke vom XVI. zum XVII. und XVIII. Jahrhunderte und reicht über Ewigkeiten hin; von Luther und seinen Mitkämpfern bis zu Voltaire und den Encyklopädisten, bis zu Robespierre und Marat, von den famosen 95 Sätzen zu Wittenberg bis zu dem Dreisatz: Freiheit, Gleichheit, Brüderlichkeit! — bis zur Guillotine Ludwig's XVI., den republikanischen Hochzeiten, den Hyänenweibern vom Fischmarkt und der Hure auf dem Nationalaltar, als Vernunftgöttin!

K.-R. Schonend und gerecht auch gegen die Feinde, habe ich den Luther glimpflich behandelt, ja nicht einmal Ketzer genannt; wie kommen Sie zu Robespierre?

X. Nein, nein, mein trefflicher Cumpan, — wer kann Sie solcher Sünde zeihen? Sie sind ein feiner Weltmann, nach den Ordensregeln Loyola's, der nicht plump daher poltert, sondern sanft auf schönen Tapeten, mit seidenen Strümpfen und Schuhen einhertritt, — ent-

---

*) Ja aber auch jetzt gebannt mit allen ungenannten Betheiligten — und das Interdict im Hinterhalte noch.

rüstet ein wenig über den Abfall von Rom und nebenbei auch über den Jammer der Menschheit! —

Kath. Ihren obigen Eingang nennen Sie belehrend! — Sie wollen die Welt oder die guten Schulkinder — und Lehrer weiter über die gräßlichen Folgen von Luthers Lehre und der Reformation aufklären. Sie stellen sie einem Schneeball gleich, der zur Lawine auf seiner Sturzbahn wird, und Tod und Verderben im Thale bereitet. „Luthers Lehre alterte, änderte und verwandelte sich," sagen Sie Seite 46. Man hätte, ohne den Eingang, erwarten sollen, Sie besännen sich eines Andern, und entschuldigten die spätere protestantische Welt in Etwas, daß sie viel an Luther's heilloser Lehre modificirt und zum Bessern gewendet hätte!

K.-R. Habe ich Luther und die Reformation genannt (S. 48), wenn ich sagte: „Durch die französische Revolution wollte die göttliche Vorsehung der Welt zeigen, zu welchem Elende der Abfall von Gott und vom christlichen Glauben führt!"

Kath. Jeder Unbefangene muß Sie mit Ihren eigenen Worten schlagen; er kann, nach dem, was Sie von Luther und der Reformation geschrieben haben, nichts Anderes darin finden, als daß die französische Revolution und alle Antecedentien und Consequentien eben eine Ausgeburt Luther's und seines Werkes waren.

X. Herr Referent, Sie flößen mir immer mehr Respect vor Ihrem historiographischen Talent ein; meine Sympathie für Sie wächst mit jeder Zeile Ihres vortrefflichen Katechismus, — daß ich Sie zum Historiographen des infernalischen Reiches vorschlagen werde, da eben die Stelle erledigt ist. — Sie haben auch hier sehr klüglich ignorirt, was jene französische Revolution, die Ihnen so gräuelhaft vorkommt, so wild-romantisch und großartig gemacht hat!

Kath. Von den Blutschulden, welche die Jesuiten-Patres und namentlich der Pater La Chaise, welche die französische höhere Geistlichkeit beging, die hundertjährige Niedermetzelung der Reformirten; von der Zügellosigkeit und der Verdorbenheit des Hofes und den Scenen im Hirschpark; von der Aussaugung des Volkes, dem Uebermuth des Adels, der Verweltlichung der Geistlichkeit;

von den Dubois, Richelieu ꝛc. ꝛc., von Philipp v. Orleans, — der Pompadour und den Maitressen allen — erwähnen Sie keine Sylbe. — Niemand hat daran ein Aergerniß genommen!? Den Freigeistern (Voltaire, Rousseau ꝛc.) hat jene leere Bigotterie neben dem Laster-Leben ꝛc. — keinen Stoff zu ihrem Angriff auf Thron und Altar gegeben!? — — Blos der Abfall vom Papste, die Sektirerei und Freigeisterei haben die Macht und den Einfluß der Kirche (röm.!) annullirt und die Welt ruinirt!! — Der Luther und die Glaubensspaltung aber ist am Ende und im Grunde der höllische Pfuhl der „gräuelvollen Ereignisse," die Sie mit Zornschaum und Thränenfluth überschütten! —

K.-R. Ironisch, — bitter wollen Sie sein? ein Katholik? — und solche Sprache? —

Kath. Sie glauben also, daß ein Katholik die Wahrheit über Bord werfen, die Großmuth und Gerechtigkeit gegen das Gute seiner Gegner verläugnen kann und darf? Da haben Sie noch nicht unterscheiden gelernt zwischen Fanatikern und Zeloten, — Ultramontanen und Jesuiten, und zwischen deutschen aufgeklärten Katholiken.

P. Sie sind am Ende ganz aus der Rolle gefallen, Herr Repräsentant! Haben Sie die Fragen zum achten Gebote Ihres Katechismus selbst oder hat sie ein Anderer gemacht?

K.-R. (zögert). — Nun, wie kommen Sie zu dieser Queerfrage?

P. Sie haben sie gemacht also? Fatal! sehr fatal! Das schadet Ihnen doppelt in den Augen dieses, wie ich sehe, streng rechtlichen, wahrhaftigen und edlen Herrn da, der das Religiös-Sittliche immer, und wo er es findet, erkennt und anerkennt; den rechtschaffenen Akatholiken achtet und das Audiatur et altera pars! des Juristen noch viel mehr für den Theologen in Anspruch nimmt. — Wie lesen wir Seite 140 des Katechismus weiter?

Kath. „Welche Sünde wird durch das achte Gebot noch ferner verboten? Antwort: 1) Lügen und Heuchelei; 2) Ehrabschneidung und Verleumdung; 3) falscher Argwohn und freventliche Urtheile, und überhaupt alle Sünden, wodurch man dem Nächsten an seiner Ehre oder seinem guten Namen schadet!"

P. Hat Ihnen das Herz nicht geklopft, als Sie obige Frage schrieben? Ist ja in geradem Widerspruch mit Ihrer Religionsgeschichte! Oder sind in Ihnen zweierlei Naturen, zweierlei Personen in einer vereinigt?!

X. Ein ungewöhnlicher Mann! ein Mann der höhern Moral, der kirchlichen Politik und politischen Diplomatie muß sich über die gemeine Christen- und Philosophen-Moral hinwegsetzen können! — ihm gilt der Zweck Alles — die Mittel? — läßt er die Leute herbeischaffen, die kein spießbürgerliches Gewissen haben, so bald nur Etwas zur Ehre Gottes und zum Heile der Kirche und ihrer Obersten dienen mag.

Kath. Hören Sie die Probe zu einer Biographie vom heiligen Petrus, in demselben Modus und Genius, wie Professor Döllinger und Sie den Luther und die Reformation hingestellt haben.

K-R. Nun, was wird herauskommen? ridiculus mus! —

Kath. Also! „Petrus war ein gemeiner Mann aus Bethsaida, ein Mann „„von heftiger Gemüthsart"" und großem Wankelmuth. — „„Herr, ich will für dich in den Tod gehen,"" versichert er einige Stunden vorher — und darauf verleugnet er seinen Herrn und Meister dreimal, verflucht sich und spricht: „„ich kenne den Menschen nicht!"" Er will, als ein Rabulist, mit dem Schwerte d'rein schlagen, und haut wirklich eines Hohenpriesters Knecht, also einem Diener der Obrigkeit! das Ohr ab. „„Bald aber warf er sich eigenmächtig zu einem Reformator auf, zog gegen die geistlichen Obern, die Hohenpriester, los, deren oberhirtliche Macht er für Anmaßung und Tyrannei erklärte. Seinen verkehrten Ansichten gemäß verwarf er viele Glaubenslehren und Satzungen, welche von Moses und andern jüdischen Lehrern herstammten, schaffte die heiligen Opfer, die Festtage, Neumonden und Sabbathe ab, und manche gottgefällige Uebungen — und lehrte, daß der Glaube allein (wie Paulus) selig mache. Endlich brach er das Gebot der Keuschheit — denn er hatte schon längst eine Frau genommen, mit der er fortwährend in verbrecherischer

Ehe lebte, ohne sich um Pauli und Anderer Beispiel zu kümmern. Ja er kündigte in feierlichem Tone vor dem hohen Rathe der Obrigkeit den Gehorsam auf, da sie ihm verboten, nicht ferner mehr den Namen Jesu zu predigen, mit der heuchlerischen Entschuldigung: „„Können wir's denn lassen? Man muß Gott mehr gehorchen, als den Menschen!"" —

K.-R. Welche Lästerung gegen den Kirchenfürsten und Ahnherrn all der 258 Päpste, die auf Petri Stuhl saßen! —

Kath. Finden Sie denn Ihren Luther nicht ganz wieder in meinem Petrus? Ich habe ihn ganz nach **Ihrer Methode** und **Ihren Worten** gezeichnet! —

X. Geschichte! Geschichte! Von Thaten! Groß-Thaten! unblutigen oder lieber blutigen Händeln! Was Methode? was Geschichtschreibung! Dintenleckern und Studirofenpächtern überlassen wir die Stahl- und alle Arten von Federn!

K.-R. Von der herrlichen Einheitserhaltung der Kirche, von der Spaltung und Zerrissenheit und — die siebenköpfige Hydra — des Ketzer- und Antichristenthums zu bändigen — —

X. Ja, das ist ein anderes Amusement für mich und unser Einen, als euer Luther- und Petrusbild! Nicht wahr, wie Innocenz III. das erste Glaubenstribunal eingeführt hat? Spanien, Frankreich, Deutschland zugleich damit versorgend! *) Die bischöflichen Gerichte konnten eben nicht Herr werden über — —, jenes hat aber wacker aufgeräumt unter den unfläthigen Leuten!

Kath. Aber in Deutschland gelang's der Inquisition nicht so gut, als anderswo, in der Provence, Spanien und Italien. Die Deutschen haben ja den Ketzermeister Conrad von Marburg, die geheiligte, unantastbare Person mit grober Faust — erschlagen!

K.-R. Der deutsche Freiheits-, besser Rohheits-Geist der versoffenen, raufsüchtigen Bärenhäuter hat so oft Opposition gegen alles Römische gemacht, als hätt' es ihnen der cheruskische Hermann angethan auf Jahrhunderte hinaus!

---

*) In den Jahren 1230 — 1240.

Kath. Ja, der hat im Teutoburger Wald stark gegen Rom opponirt! Der Luther hat es ihm nachmachen wollen!

X. Aber vor Allem interessirt mich immer die spanische Inquisition; gar ein großartiges, mächtiges Institut! Seines Gleichen war nicht, und wird nicht mehr sein! Ewig schade, daß es eingegangen ist! Da gab's Ketzer die Hüll' und die Füll'! Welch amusante Spektakel hat man dem Hof und dem schaulustigen Volk in Madrid gegeben, wenn's an Stiergefechten, Stier- und Menschen-Blut sich gesättigt hatte! Die herrlichen Auto da Fe's! wahre Triumphe eurer Kirche! Selbst Philipp II. höchst despotische Majestät stieg eine Stufe vom Throne unter den Groß-Inquisitor herab!

K.-R. (verlegen). Eine traurige Nothwendigkeit! Der hoffärtig stolze Geist der Kastilianer bedurfte eines solchen Zügels, um nicht, wie ein wildes Roß, durchzugehen, und den frisch bekehrten Mauren in Granada — konnte man ihnen trauen? —

P. Sind eben gar zu viel Opfer, gar viel Unschuldige auf unerhörte Art hingemartert worden! — Ach wie viele!

X. Wie viele!? wer fragt viel nach der Zahl, wenn nur der Zweck erreicht wird? Zählt auch der siegreiche Feldherr so genau sich vor, ob er 10 oder 20 oder noch mehr Tausende soll sterben lassen, um den Sieg zu gewinnen? Ihr kleinmeisterischen Spießbürger! Hat man auch in den Hexenprozessen vor 200 Jahren, und noch, (da man schrieb: Würzburg im Jahre des Heils 1749 ist die letzte, ein adeliges Fräulein, verbrannt worden) — so sehr auch der Jesuite Spee, der lutherische Thomasius 2c. 2c. dem Teufel das Handwerk verpfuscht; hat man da die alten Weiblein, Kinder und Greise so genau gezählt, die man, als angebliche satanische Genossen, auf die Scheiterhaufen spazieren ließ, zuvor etwas stark ausgehungert und auseinander gefoltert?*) —

K.-R. Ein trauriger Irrthum! — „Es irrt der Mensch, so lang er strebt!" sagt ja der Göthe selbst.

---

*) Schon circa 1330 erklärt der Legist Bartholus das Verbrennen der Hexen für rechtmäßig.

Kath. Man rechnet zuverlässig 100,000 und mehr, von der ersten Hexe an, welche man auf feierliche Weise gemordet hat — in Deutschland.

X. Nicht so großartig, als unsere vielberühmte Inquisition in Hispanien und den Niederlanden, die dort ihre glorreichste Wirksamkeit entfaltet hat! Hunderttausend Hexenverbrennungen! — Bagatell gegen die Thätigkeit der Casa Santa! Sie hat der Einheit und Reinheit der Kirche und des Königthums innerhalb mehrerer Jahrhunderte 2—3 Millionen spanischer Kinder allein geopfert, Gott dem Herrn zum süßen Geruch! Cardinal Ximenes war ein Mann, wie es keinen mehr geben wird! der verstand die heilige Kriegs- und Marter-Kunst! und meine Herren Dominikaner dazu, treffliche Ketzermeister, die, mit allen Arten von Mittelchen aus unserm Höllenreiche bekannt und versehen, gegen jene aufrührerischen und störrigen Kinder der guten Mutter Ecclesia operirt haben, ohne Chloroform anzuwenden!

Kath. Warum haben Sie, Herr X., eine so besondere Freude an dem Manne? (Cardinal Ximenes.)

X. Er war der Stifter und der Verfasser der Statuten der Inquisitionstribunale; und Papst Innocenz III. Bestätiger; und Torquemada, ein Mann, wie er sein soll, von eherner Stirn und eisernem Herzen, stieg zuerst auf ihren blutigen Thron (spanische Inquisition). Nicht mit Tödtung des Leibes ging's allein ab. „Schändung der Vernunft und des Geistes, Schrecken und Schande" war das Propositum, das man erreichen wollte. Mohamed und Moses (erschreckt nicht!) mußten aus dem Herzen hinausgetrieben, Christus und sein Christenthum hineingetrieben werden; und dazu gehörten außerordentliche Peitschenhiebe! Fort mit weibischem Mitleid, mit Humanität, mit Menschen- und allerlei Rechten!

Kath. Und die Verbrechen dieser Unglücklichen, — sie müssen gräßlich gewesen sein!! —

X. Pah! Der geringste Zweifel an der Unfehlbarkeit des heiligen Vaters! — und wir zahlten wie für Vatermord und Sodomie! — Ja, mein lieber deutscher Katholik, geben Sie sich zufrieden! „Blut ist so ein Säftchen!" — und Stoßseufzer auf der Folter eine süße

Melodie! Was hatte man aber in jener Zeit, wo man mit Almanachen, Moniteur und Times, mit Schiller und Göthe sich die Zeit nicht vertreiben konnte; — wo die Ritter Siegfried um den Nibelungen-Hort stritten und die Frauen Chriemhilde und Brunhilde sich zankten! die Mönche und Büßer sich geißelten, — oder Classiker und Legenden schrieben? — sollten da die Päpste allein die Hände in den Schooß legen, ohne für die Weltgeschichte zu arbeiten, „zu schaffen am sausenden Webstuhl der Zeit, zu wirken der Gottheit unendliches Kleid?!" Heilige Kriege gegen Waldenser und Stedinger, Kreuzzüge gegen die Saracenen, Kammergerichte in den Inquisitionskammern — das war ein Leben und ein Spaß! —

Kath. Jetzt lassen Sie den Pferdefuß recht hervorgucken, Herr Baron!

X. Um was haben neuerdings Franzosen und Italiener bei Solferino und Magenta sich mit den guten, tapfern Oesterreichern so geschlagen? und Blut wie Wasserbäche vergossen? Um die Einheit und Reparatur des italienischen Stiefels, für die Idee der Freiheit und Unabhängigkeit, wie sie in den begeisterten Herzen eines Mazzini und Garibaldi, eines Cavour und Viktor Emanuel ꝛc. brennt!

Kath. Das verdroß mich eben, daß die Kirche, gegründet, das Reich der Wahrheit, Liebe und des Friedens auszubreiten, „sich dieser Welt gleichstellt," statt sie zu verleugnen! Die Alexander und Cäsare, die Attila und Napoleone haben Millionen hingeschlachtet, und Millionen haben auch die Innocenze, Bonifazius und Clemens, bei aller Namensunschuld und Namensgüte*), verbluten, verkohlen lassen.

K.-R. Uebertreibung und immer Uebertreibung!

Kath. Lesen Sie nur, ich bitte, die authentischen Quellenberichte aus jenen Zeiten! Nach einer genauen Angabe hat Spanien allein (ohne Italien, Portugal, Frankreich) schon unter dem ersten Groß-Inquisitor Torquemada — über 100,000 Opfer gezählt.

X. Sie haben gar eine — doch contrasignirte, Liste?

---

*) Anspielung auf die Bedeutung der Namen: Innocentius, Clemens ꝛc.

P. So eine, ja! — Die Zahl der Personen, welche schon unter den frühern Inquisitoren im Kerker schmachteten, wird an vierthalb Millionen angegeben (wovon 31,912 lebendig verbrannt wurden; eine weit größere Zahl kam durch Martern aller Art in den scheußlichen Gefängnissen um's Leben; bei 300,000 mußten auf Lebenszeit Buße thun*). So hat durch die heilige Inquisition Spanien allein 2 Millionen seiner Kinder verloren! —

K.-R. Ich habe Ihre Vorlesungen satt, dociren Sie mir nicht immer als Professor der Historie. Und wenn's mit der spanischen Inquisition so schlimm gestanden wäre, warum hat sie Ferdinand VII. (im Jahre 1814) wieder eingeführt? —

Kath. Und warum hat man sie in Folge allgemeiner Entrüstung in Spanien selbst wieder abgeschafft? —

P. „Nun! die Todten vergißt man, die sie geopfert, die Geschlechter der Menschen erneuern sich wieder; aber Jahrhunderte vergehen noch, ehe ihre Spur aus dem spanischen Charakter verschwunden sein wird. Eine geistreiche, treffliche Nation hat sie mitten auf dem Wege zur Vollendung aufgehalten, aus einem Himmelsstrich, worin sie einheimisch war, das Genie verbannt, und eine Stille, wie sie auf den Gräbern ruht, in dem Geiste des Volkes hinterlassen, das vor vielen andern zur Freude berufen war!"

X. Ein schönes Epitaphium haben Sie, Herr, unserer Santa casa (das heilige Haus der Inquisition) gesetzt! Bedaure, daß die Zeiten und Menschen so veränderlich sind! Jetzt hat man's nur noch mit Schlachtfeldern, (leider schon lang gab's keine mehr, wie unter der französischen Republik und dem Kaiserreich!) zuweilen mit Barrikaden und Cravallen zu thun; auch die parlamentarischen Schlachten amüsiren mich ein wenig; und seitdem ich keine Großinquisitoren mehr habe, die auch den Königen, wie Philipp (II.) den Text lesen; meine guten Kundleute, die Herren der Gesellschaft Jesu, sich erst

---

*) Nach einer genauen Angabe fielen unter Torquemada selbst über 100,000, unter Cisneros 50,000, unter Diego Perez 34,000 als Opfer dieses schrecklichen Gerichtes.

mühsam wieder zum vorigen Einflusse hinauf arbeiten, sind es blos die Setzer, die Lokomotiv- und Heerführer als Großmarschälle der Höllenpost und die Flotten-Admirale und Napoleone (wenn sie nur noch einige Auflagen erleben!), die mir noch etwas Geschäft und Unterhaltung machen, oder Candidaten der Unterwelt zuschicken. Eine unvertilgbare Brut, das Menschenvolk! Was im Faust gut deutsch steht, ist seit 6000 Jahren wahr:

Dem verdammten Zeug, der Thier- und Menschenwelt,
Dem ist nun gar nichts anzuhaben,
Wie Viele hab' ich schon begraben!
Und immer cirkulirt ein neues, frisches Blut!

Und immer weniger kann man ihnen beikommen, seit ihre Prießnitz und Oertel, Hahnemann und Liebig existiren, und man jetzt mit Chloroform und Schwefel-Aether selbst den Schmerz tödtet. Sie hauen zwar noch die Köpfe wie Krautsköpfe zusammen, und zersetzen abscheulich mit Bomben und Kartätschen die Infanterie und Cavallerie der Armeen, — aber da kommen sie sogleich mit ihren Sanitätscompagnien — —

Kath. Spotten Sie nicht der Humanität mitten im Barbarismus des Krieges!

X. Ich wette, bald tragen die Soldaten auch eine Schwefeläthertasche neben der Patrontasche, um sich gleich selbst über den Schmerz zerquetschter oder abgehauener Glieder in den himmlischen Aether zu versetzen.

P. Eiskalter X.! Ja der Krieg ist der älteste, zäheste Barbarismus, die fürchterliche Weltschuld neben all' den Justizmorden und Inquisitionsgräueln in der alten und neuen Zeit! —

X. Habt Vereine gegen die Thierquälerei, — Erbarmen mit Käfern, Katzen, Krebsen und Fischen — und die Menschenquälerei? —

K.-R. Sie wollen ja doch nicht mit Ihrer Gelehrsamkeit, Witz und Scharfblick meinen guten Katechismus todt schlagen, Herr X.! erkennt (ihr Humanisten müßt auch) doch das Gutartige und Großartige unsers Thun's und Wirkens! Urtheilet nicht, wie lutherische Schuster und Schneider über die heilsamen Institutionen, Operationen und Constitutionen und Canones in unserer Mutterkirche. Die englischen und deutschen Puseyiten nehmen Musterkarten von uns!

Kath. Ich erkenne auch alles, wie schon gesagt, an, was Sie Wahres und Großes in Ihrem Katechismus von der (katholischen) Kirche gesagt haben. Selbst protestantische Geschichtsschreiber und Schriftsteller erkennen's gerne an.

K.=R. Nicht wahr? S. 42 Art. 46 meiner Religionsgeschichte, da habe ich Herrliches zur Ehre Gottes und zum Ruhme der christlich=katholischen Kirche rühmen müssen!?

Kath. Allerdings! Nur muß ich etwas ungläubig den Kopf schütteln, daß Sie S. 44 den heiligen Franz von Sales, Fürstbischof von Genf, 72,000 Savoyer von Calvin's Irrlehre zur Wahrheit zurückbringen lassen, — blos „durch die unwiderstehliche Kraft seiner Sanftmuth;" und was Sie S. 41 von Bekehrung unzähliger Heiden durch die Boten des katholischen Glaubens rühmen! „Er," sagen Sie, der Apostel Indiens, Franz Xaver, „eilte von Land zu Land, von Insel zu Insel, durch ganz (!!) Indien, Japan 2c. und bekehrte in 10 Jahren viele Völker und Reiche!"

P. Ich frage Sie, Hr. Repr., hat es die Sanftmuth des 2c. Sales allein gethan, oder haben ihm die allezeit dienstfertigen und thätigen Inquisitionsmeister vorgearbeitet und ihn dabei unterstützt, wie Moses Arme bei der Amalekiter Schlacht unterstützt wurden? Ein Mann! in 10 Jahren! und ganz Indien und Japan!?

X. Ein großer Feldherr kommandirt lieber 70,000 als 7000; ein großartiger Geist, wie Sie, mein Herr, hat's nur mit großen Zahlen und Wundern zu thun! —

Kath. Aufschneiderei! (salva venia für das profane Wort in heiligen Dingen!) verrathen sich bald von selbst! Katechismus=Kindern kann man's wohl sagen — und durch Fragen und Antworten ihnen eintrichtern, daß sie auf's Wort schwören. In dem Stück muß ich die protestantischen Missionäre loben, — die nicht so renommiren, sondern das Glaubenswürdige, daß es schwer und langsam gehe, berichten. Jene*) taufen mit Wasser spritzen Hunderte und Tausende an einem Tag.

K.=R. S. 41 meines (weit verbreiteten) Katechismus lesen Sie doch, daß in der Christenverfolgung in Japan an eilfmalhunderttausend für ihren Glauben gestorben sind; — zarte Kinder, schwache Greise, — vornehme Frauen rc. rc.!

P. So gerne ich dieß glauben möchte, ich begreife eben nicht, wie in die, wie mit Schnellpressen bekehrten Heiden, Hunderte und Tausende an einem Tage (à la Karl dem Großen, der sechstausend Sachsen in einigen Stunden mit der Taufe Christi beglückte, i. e. Schwert und Spieße hinter ihnen her! — und ein breiter Fluß vor ihnen hin!) solch ein christlicher Märtyrergeist — kommen konnte? —

X. Herr Bruder, haben wir nicht schon etwa gegen die Heiden in Asien, wie gegen die in Amerika, — Süd und Nord, und auf den Inseln so ein probates Mittel, wie gegen die abtrünnigen Ketzer der Heimath, angewendet? Schnellpressen, in Ermanglung der langweiligen Druckerpresse?

Kath. Die Inquisition folgte den Europäern auch nach Indien nach und errichtete in Goa ein Tribunal, dessen unmenschliche Proceduren uns noch in der Beschreibung durchschaudern.

X. Der Herr da will mit der Hölle die Hölle uns heiß machen, scheint es! Wir haben kein so feines Sensorium, um gleich zu schaudern, wenn von ein Paar Millionen Heiden oder Ketzern, von etlichen Seufzerlein im Kerker und auf der Folterbank rc. und andern Kitzeleien die Rede ist. Müssen doch auch die Herren Generäle und Marschälle ein Schlachtfeld schön finden können, soll doch schon der große Napoleon beim Umreiten eines Schlachtfeldes entzückt ausgerufen haben: quel beau tableau!! — und sein würdiger Herr Neveu, wenn die Zeitungsschreiber mir recht berichtet, hat auf dem Schlachtfelde von Magenta bei schöner Abendbeleuchtung soupirt. Das sind Männer von Geist und Kraft, keine Alltagsmenschen! —

---

*) Katholische Missionäre, was berichtet wird als verbürgt.

Kath. Ich will es den Protestanten überlassen, selbst sich zu vertheidigen; aber das muß ich bekennen, daß der Geist der Reformation, der Geist des XVI. Jahrhunderts, der Prophet einer neuen — unserer Zeit war. Die Wiedererweckung des klassischen Alterthums und die Gesunkenheit der päpstlichen Macht; Amerika's Entdeckung; der Geist eines Kopernikus und Keppler; die Erfindung des Schießpulvers und der Buchdruckerkunst, Alles wies und drängte auf den Bruch mit der alten und den Anbruch einer neuen Aera hin. Die Reformation und ihre Zeit ist also nicht, wie Ihr's vorgebt, Werk und Schöpfung einzelner Köpfe; sie ist eine That, ein Gericht Gottes in der Welt- und Kirchengeschichte.

K.-R. Welche Schmerzen und Leiden bereitete die Glaubensspaltung der alten, guten Mutter Kirche und den weltlichen Reichen selbst!

Kath. Sie wurde in heilsame Geburtswehen versetzt, und entfaltete in neuer Kraftanstrengung, nach langem Schlummer, regeres, besseres Leben! Ein tragischer Weltstreit entstand zwischen der Mutter und der mündig gewordenen Tochter!

K.-R. Und so kann wieder ein Mann sprechen, der Katholik sein will? —

Kath. Gott allein die Ehre! Wahrheit gegen Freund und Feind!

K.-R. Jetzt tritt der Neuerer, der Rationalist, der Revolutionsfreund recht offen hervor!

Kath. Ja — recht offen, gestehe ich Ihnen: Kunst und Wissenschaft sind protestantisch geworden, d. h. der Protestantismus hat sich ihrer bemächtigt; sie haben sich in seinen Schooß geflüchtet! Und was soll ich von all' den Männern und Frauen sagen (nachdem Sie unsere ausgezeichneten Jesuiten und Heilige namhaft gemacht haben), welche aus dem Schooße des Protestantismus, trotz seiner Sekten und separirten Confessionen, hervorgingen — in Staat und Kirche, Krieg und Frieden! von Luther an bis auf Wilberforce, den unermüdlichen Männern der Sklavenemancipation in geistiger und leiblicher Beziehung.

K.-R. England und Preußen sind eben das Eldorado Ihrer Humanitäts- und Freiheitsideale!

Kath. Edel und versöhnlich zeigt sich der Protestantismus öfter an uns! Hat nicht Friedrich der Große die aus allen katholischen Staaten vertriebenen Jesuiten aufgenommen? Haben nicht protestantische Mächte, England und Preußen, anno 1814 den Papst wieder eingesetzt, der vom großen Napoleon in langer Gefangenschaft gehalten war? Werden nicht protestantische Mächte mit deutschen Schwertern jetzt angerufen, sich des päpstlichen Stuhles anzunehmen? Und gesteht es nur! — Deutschland in seiner tiefsten Erniedrigung! waren es nicht vornehmlich akatholischer Verstand, Geld und Säbel, der 1813, 1814 und 1815 die Napoleonischen Ketten zerbrach? Leipzig und Waterloo, Katzbach und Mont-Martre!

X. Meine Herren! Die Geisterstunde naht (12 Uhr Mitternacht)! Da muß ich jetzt noch einige Geschäfte machen in Kabinetten und Konsistorien zu Rom, Paris, Wien 2c. 2c. Ich agire da ein wenig, daß es „zu Lebensfluthen und Thatenstürmen" kommt. Mit euch langsamen, philosophischen Deutschen ist jetzt wenig zu machen. Broschüren über Broschüren bei Dentu in Paris, Stahel in W. 2c. 2c. hangen heraus als römische, italienische, morgenländische, ägyptische — endlich auch deutsche Fragen. *)

Kath. Elemente genug für die politischen Vulkane!

X. Ich schüre, wo ich kann — und habe gute Aussicht, einmal wieder Alles untereinander zu werfen!

Kath. Friede! bewaffneter, abzehrender, statt wie sonst, ernährender — und hinter ihm der lauernde Tiger — Krieg. Macht sich auch Alles — hinter und an den

---

*) 1) Vorschlag zur Lösung der römischen Frage von Abbé Michon. 2) Die Rechte des Papstes — Antwort auf die Flugschrift: „Der Papst und der Congreß", von Poujoulat. 3) Noch ein Wort über die Schrift: „Der Papst und der Congreß" von Vicomt Louis v. Dar, Lpz. 1860. 4) Laguerronière: Flugschrift von H. Bachoven, Consfeld 1860. 5) Der Papst, eine Tagesfrage, von Abbé Segur, päpstlicher Hausprälat 2c., Mainz 1860. 6) Papst und Italien, Hirtenbrief von Erzbischof Rauscher in Wien. 7) Frankreich, das Kaiserreich und das Papstthum, eine staatsrechtliche Frage, von Billemain. 8) Napoleon III. und der Klerus, von Hippolyt Kastille. Lpz. 1860. 2c.

Krieg. Broschüren, Hirtenbriefe und Universadressen! Ihren Katechismus nicht zu vergessen! als Leucht- und Schmetterkugeln, wenn auch nur erst aus ungezogenen Kanonen, brennende Fragen wie brennende Lunten und Cigarren fliegen überall herum zum Brennen und Verbrennen.

K.-R. Spotten Sie der Ohnmacht meines Katechismus wohl gar, weil Sie ihn unter Lunten und Cigarren werfen. Er hat Geschichte von sechs Jahren für sich — Sauerteig in den bayerischen Volks- und Kinderteig! Und die Oesterreich, Würtemberg und Baden'schen Konkordate zur angebahnten Restauration aller unserer Prärogative können noch Diskordia genug bringen

Kath. Noch manchen Rumor! aber — — —

X. Jetzt ist die Stimmung für Sie etwas flau, wenngleich hie und da sehr aufgeregt; der aufgegangene Same kann leicht wieder verwelken in der gegenwärtigen politischen Hitze von 30—40 Grad Reaumur. Konnt' ich's neulich fast nicht mehr hören, wie sie all überall nur — Schiller! Schiller! Schiller! riefen — sangen — musizirten und deklamirten!

Kath. Katzenmusik für gewisse Ohren! Da hat man im bengalischen Feuer und feurigen Reden, in endlosen Aufzügen gehört und gesehen, daß deutsche Geistesbildung, deutsches Nationalgefühl zu einer Macht geworden ist, die sich fast in allen Erdtheilen manifestirte. Von Honolulu*) bis Astrachan, von Stockholm bis Algier wurde dieser Mann verherrlicht.

P. Er, einer der größten und besten Söhne Deutschlands, hat Propaganda gemacht und möge sie fort und fort machen, trotz Propaganda einer triumphrufenden, kirchlich politischen Camarilla in Frankreich, Oesterreich und am Rhein! Propaganda gegen die Restaurations- und Stagnations- und Revolutionsmänner, welche ein Feuer anzuzünden beliebten von Stralsund bis Venedig, und welches in zweiter Auflage eines dreißigjährigen

---

*) Siehe die Wochenschrift Europa: 2 Bände mit Städte-Namen. Honolulu ist eine der Sandwichsinseln, wo Deutsche leben.

Krieges fortbrennen sollte! Aber vor der Hand brennt's eben am eigenen Heerde.

K.-R. Auch mein Katechismus hat Propaganda gemacht, — in ganz Bayern ist und wird er (selbst ohne bischöfliche Approbation!) eingeführt. Will auch hohes Staatsministerium die „anzüglichsten Stellen" daraus weglassen — in einem neuen Abdruck, — der alte, ächte lebt in Tausenden (Exemplaren) fort, müssen genug stehen lassen, wollen sie nicht das Ganze zerreißen und vereiteln! — Die Konkordate erst, wie viel haben wir damit schon gewonnen! jetzt schon! dann immer vorwärts, bis wir unser goldenes Zeitalter — und die Niederwerfung der übermüthigen Neuerungszeit errungen haben.

Kath. Ja die welsche Praktik, ein Ding, das man schon im XII. und XIII. Jahrhundert in Deutschland zur Bezeichnung des römischen Herrschersystems brauchte, hat uns immer über's Ohr gehauen, uns Deutsche besonders; sie ruhet und rastet auch seit diesem halben Jahrhundert nicht.

K.-R. Das haben Ihnen die protestantischen Geschichtschreiber — (leider haben diese sich auch der Geschichtsschreibung bemächtigt, — und wir können sie kaum mit unsern Gegenminen sprengen) eingeredet.

Kath. Walther von der Vogelweide, Heinrich von Ofterdingen, Wolfram von Eschenbach, die Hohenstaufen und das ganze (von der welschen Praktik nicht blasirte) deutsche Reich rufen's, reimen's und singen's Ihnen vor.*)

K.-R. Solche Dichterlinge? Wer liest sie und wer glaubt ihnen?

Kath. O, König Ludwig von Bayern, der gut katholische König — sagt in seinen Walhallagenossen: „Vaterlandsliebe beseelte seine Lieder; deutscher war kein Deutscher, als er!" (Walther.)

---

*) „Walther's v. b. Vog. lyr. Geb., von Koch, Halle 1845." „Zerrüttung J. nach b. Tode Heinrichs II" „Umtriebe des P. u. b. Pfaff. bei Kaiser Friedr. II. Kreuzfahrt." „Päpstlicher Bannfluch über b. Kaiser." „Simonie des P. Innocenz III." „Der Papst e. neuer Judas." „Kaiser Otto, von Papst Innocenz in den Bann gethan" und andere Gedichte.

K.=R. Und in ecclesiasticis? daß die welsche Praktik oft über der moralischen Praxis war!

Kath. Wissen sie doch, wie man anno 1461 (jetzt gerade 400 Jahre) durch das Wiener Konkordat und durch kluge Abfindung mit andern deutschen Fürsten die Reformationsbeschlüsse (a capite ad calcem) der großen ökumenischen Synoden zu Konstanz und Basel (anno 1414—1418 und 1432—1443) kraft- und machtlos gemacht hat?

X. Versteht sich! Die Papstseelen sind genirt in den schwerfälligen und vielköpfigen Conzilienleibern; kein Wunder, wenn sie sie abgestreift haben, und, wie wir ja Alle, an Einem, nur dem eigenen Leib genug haben!

K.=R. Wenn nur der mit seinen Broschüren und Kunstreitereigefechten in —

X. In Cayenne selbst wäre! — Der nach Moquard's (Geheimesekretär ꝛc.)*) klugem Einfall neulich im Kunstreitercirkus eindrucksvoll die Geschichte der französischen Schlachten und Siege seit 50 Jahren zum Besten gab — als Reizmittel zu Sieg und Krieg. Der versteht's, Geschichte zu machen und auszubeuten.

Kath. Erzählen Sie uns doch, als vertrauter Freund, Einiges aus den geheimen Kabinetten, die Sie besuchen.

X. Gut, meine Herren! Ich fand neulich Herrn von Lagueronnière eben von kaiserlicher Majestät zurückgekommen, in sich vertieft und verlegen am Schreibpult, einige Wochen vor Weihnachten.

K.=R. Verlegen, worüber?

X. Wie er die Pillen, Sie wissen für Rom, geschickt bereiten und eingeben soll?

Ich: „Warum so nachsinnend, kaiserlicher Freund?"

Er: „Ach, wie soll ich Sr. Heiligkeit und einem Kaiser zugleich es recht machen? und daß ich der katholischen Welt nicht geradezu vor den Kopf stoße?"

Ich: „Sie sollen die Romagna und die Marken und die ganze weltliche Papstgewalt wegdemonstriren?"

Er: „Gerade das!"

---

*) Privat-Sekretär Napoleon III.

Ich: „Schlagen Sie nur die Bibel und die französische Geschichte auf."

Er: „Bibel? Ich habe keine Bibel; ist uns ja längst, uns Laien, verboten!"

Ich: „Hier ist eine ächte deutsche und eine deutsch-französische Bibel!"

Er (blättert und liest): „Da führte ihn der Teufel auf einen hohen Berg und zeigte ihm (dem Erlöser) die Reiche der Welt und ihre Herrlichkeit: Dieß alles will ich Dir geben, so Du niederfällst und mich anbetest. Aber Jesus antwortete und sprach: Hebe Dich weg von mir, Satan!" *) ꝛc.

Kath. Und Herr Lagueronnière?

X. Der sprang vor Freuden auf, embrassirte mich zum Erdrücken mit dem zehnmal wiederholten Ausrufe: „Eine herrliche Stelle, eine herrliche Stelle!"

Kath. Herrlich, ja; aber wie konnte sie den Franzosen so außer sich bringen?

X. Diese Stelle wollte er seinem Le Pape et le Congrès zu Grunde legen, und der Welt eine alte, verkannte Wahrheit unter die Nase reiben, daß dem heiligen Vater, als Nachfolger Christi, kein weltliches Reich gebühre; und daß es ächt christlich sei, darauf Verzicht zu leisten.**)

K.-R. So mißbrauchen Protestanten und Franzosen die Bibel zum Stehlen. War es nicht recht weise von unserer Kirche (Hierarchie), daß sie allen den Laien ohne Ausnahme die Bibel verboten hat? Fast möchte ich sagen: wäre dies Buch doch nie in die Welt gekommen. Gott verzeih mir's!

X. Nicht so hitzig! Ist einmal da! könnt's auch trotz aller Experimente mit Feuer und Wasser nicht ausrotten; jetzt gar, wo sie Deutsche und Engländer bei Katholiken, Juden, Heiden und Türken verbreiten; so enthusiastische Bibelverehrer, daß sie Millionen Guineen für Millionen Bibeln zum Opfer bringen.

---

*) Evang. Matthäi Kap. 4.

**) Anspielung auf das französische Attentat gegen das Patrimonium Petri.

Kath. Ja, die Protestanten halten sie für eine David'sche Schleuder gegen den Riesen Goliath, wie sie jederzeit das Papstthum nennen; wie gegen den Materialismus, Pantheismus und alle mus und mures der Art.

K.=R. Sind halt Protestanten, die gegen alles protestiren, was die alte gute Mutter Kirche seit einem Jahrtausend für heilig, ehrwürdig und heilsam befunden hat.

X. Laßt sie! haben viel von sich sprechen gemacht im Himmel und auf Erden! (Tausend schöne Krawalle für mich hätt's nicht gegeben.) Als man sie mit Hunden in die heilige Messe hetzte, ihre Kirchen schließen und zerstören ließ, das eroberte Magdeburg mit Blut und Feuer taufte und dreißig Jahre lang Deutschlands Katholiken und Protestanten einander peitschten, als man Kinder in heiße Backöfen warf, Augen, Ohren, Nasen und Lippen ab- und ausgeschnitten wurden — —

P. Tilly, jetzt in der Feldherrnhalle zu München, schrieb nach Hause: „seit Troja's und Jerusalem's Zerstörung hat's kein solches Blutbad gegeben, als — zu Magdeburg."

X. Will nur sagen, ich lasse die Protestanten so wenig wie Papisten ganz fallen; sind doch selbst manche Päpste die größten Protestanten gewesen und sind's heute noch.

K.=R. Welche Blasphemie!

P. Ja doch, und keine Blasphemie! Sie haben protestirt gegen die ganze Kulturbewegung von 1493 bis 1860 — und werden und müssen gewissermaßen protestiren zu Gunsten des Mittelalters und der vorsündfluthlichen Aera bis man achtzehntausend achthundert und sechzig schreibt.

K.=R. Seht da auch die staunenswerthe, aller Zeit trotzbietende Unveränderlichkeit und Unverbesserlichkeit unseres Kirchensystems! ein wahres Sonnensystem von Stetigkeit! —

X. Sind also die größten und standhaftesten Protestanten — die Päpste! als, die da in specie protestirten gegen 18—20 deutsche Kaiserwahlen; gegen den Augsburger Religionsfrieden, den mühsam geschlossenen westphälischen Frieden; protestirten gegen ein protestantisches

Königthum in Preußen; protestirten gegen die Wiener Kongreßbeschlüsse; protestirten gegen die sogenannte heilige Allianz des russischen Czars und selbst des apostolischen Kaisers Franz.

K.-R. Wie Sie, Herr X., so geschickt sind, die Wortbegriffe zu verdrehen! — Protestiren und Protestant sein — werfen Sie auf Einen Haufen!

X. Ich nehm's, wie mirs gut dünkt und in schlauem Wortgebrauch sind Sie ja mein Meister!

P. Um nähere Erklärung muß ich Sie bitten, wie Sie das vorhin Gesagte meinen: „Die Protestanten und Franzosen mißbrauchten die Bibel zum Stehlen?" Denken Sie wohl an die Bewohner der Diebsinseln in Oceanien?

K.-R. Wie? möchten nicht jene Leute dem heiligen Vater sein Pontificat, seine dreifache Krone mit allen geistlichen und weltlichen Kronrechten, und diese seine 3 Millionen Unterthanen und achthundert Quadratmeilen altklassischen und heiligen Bodens nehmen? Bologna und Ravenna, und endlich ganz Umbrien und die Marken noch dazu — ja selbst die heilige, ewige Roma?

X. Was sollen die Würfe! Vor- und Nachwürfe — ihr Herren? Papst Stephan hat, obgleich Statthalter Christi und Petri Nachfolger, als weit- und hochdenkender Staatsmann gehandelt! — er nahm die ihm angebotene Romagna, des griechischen Kaisers Land, das Exarchat an; Roma, eine zweite Welthauptstadt! statt der goldenen Kaiserpaläste und prächtigen Jupitertempel und Kapitolien — Vatikane und Peterkirchen jetzt! — eine heilige Stadt mit 400 Kirchen — mit glänzenden Jubelfesten von hunderttausend Wallfahrern! Siehe da die Reiche der Welt und ihre Herrlichkeit, welche einst euer Herr und Meister verschmäht hat.

K.-R. Erkennen Sie aber auch, weil Sie gerade das hervorheben, welch' viel größeres Gegengeschenk Papst Stephan dem Majordomus, — Pipin dem Kleinen im achten Jahrhundert gemacht hat?

Kath. Ja, er machte den Premier-Minister zum König; gab ihm das schöne Frankreich

„Dieses Land des Ruhms,
Das schönste, das die ew'ge Sonne sieht
In ihrem Lauf, das Paradies der Länder,
Das Gott liebt, wie den Apfel seines Auges!

Hier scheiterte der Heiden Macht*). Hier war
Das erste Kreuz, das Gnadenbild, erhöht;
Hier ruht der Staub des heil'gen Ludwig;
Von hier aus ward Jerusalem erobert."

P. Sie — ein beredter Anwalt Stephan'scher Erkenntlichkeit!

Kath. Aber — die „anerkannten Rechte", wie sie Napoleon III. in letzter Neujahrsantwort respektirt will, der damaligen Könige Frankreichs und des ganzen Frankreichs? —

X. Pah, die Kleinigkeit der „Rechte, Verträge", wie ihr sie heißt! ein Franke hat's gegeben, ein Franke hat's genommen! Wurst wider Wurst, das ist das Spiel der Welt. „Alles Ding währt kurze Zeit!"

K.-R. Aber das Recht des Patrimoniums Petri währt nicht kurze Zeit, es währt schon über tausend Jahre.

X. Die sind, nach den Psalmen „nur wie ein Tag vor Gott."

K.-R. Wo haben Sie, lieber Herr X., all die historisch-diplomatisch-biblische Weisheit her?

X. Woher, mögen Sie noch fragen? Ich ein Mentor eures Faust — oder eures Göthe selbst?

„Die Kultur, die alle Welt beleckt,
Hat auf den T — selber sich erstreckt!"

P. Da hat doch X. seine gelobte Resignation etwas gebrochen. Sollen wir ihn zur Ordnung weisen?

X. Edle Herren! In Hiob darf Satan vor dem Herrn erscheinen, der so herablassend mit ihm redet! Wie wollten Sie mich nicht hier dulden? Agire und gerire ich mich doch nicht als jenes nordische Phantom, sondern als feiner Weltmann, wie ich glaube, der in das Gespräch einige Tropfen Witz und Satyre mischt. Ich repräsentire eben gerne den Zeitgeist und habe einiges Interesse am Hochdämonischen!

Kath. Da ist doch einer Ihrer würdigsten Schüler der räthselhafte, undurchdringliche L. Napoleon, mit seinen Lagueronnière, Thouvenell, Moustier ꝛc.

---

*) Die Araber bei Tours von Karl Martell geschlagen, und Attila früher bei Chalons.

P. Der europäische Proteus studirt und macht viel Geschichte nach den Maximen Machiavelli's; fast Attila II. als Godegißel.

K.-R. Er ist Alles und Nichts! Gevatter und Beschützer, getreuester Sohn und heuchlerischer Freund des Oberhirten, — Despot und Demokrat in Einer Person. Der Papst hat ihn aber in seiner Heuchelei entlarvt! der Papst protestirt laut und feierlich „gegen die frevelhaften Eingriffe in seine Rechte."*) Das Haupt der Christenheit muß siegen, der Heuchler fallen!

X. Muß ich mich doch meines angefochtenen, bis in den Abgrund verstoßenen Jüngers etwas annehmen! Verdenkt's mir nicht, ihr Herren von so scharfer Lauge! — Machen Sie, Herr Repräsentant! denn nicht auch ein wenig Geschichte? Kirchengeschichte freilich, aber stark mit Profangeschichte versetzt! — Habt ihr nicht meinem Napoleon, oder hat Er euch etwas abgelernt?**) Ihre Geschichtspragmatik, sage welsche Praktik, ist doch viel älter als Bonapartismus von Bonaparte I. und III.

K.-R. Kommen Sie mir immer mit Geschichte und Geschichte auf den Hals, als ob ich ein Geschichtsschreiber à la Rotteck, Thiers u. dgl. wäre!

Kath. Der sind Sie nicht! Doch haben Sie stark in die Geschichte hineingepfuscht!

K.-R. Gepfuscht! Das muß ich mir verbitten, Herr!

Kath. In die Geschichte, ja, sage heilige Geschichte der Religion! — Ziehen Sie, gleich einem Huronen, einem gut organisirten menschlichen Körper Haut und Haare vom Kopf, — reißen ihm dann noch Zähne und

---

*) Das dem Herrn v Thouvenell so anstößige Encyclicum Pius IX.

**) Napoleon's rücksichtsloses politisches Schalten und Walten entspringt aus seiner Weltverachtung und Weltverlachung. Er ist ein praktischer Humorist im höchsten Sinne; Shakespeare spricht sie (die Weltverachtung) in seinem Hamlet und einigen seiner melancholischen Narren aus; so auch Swifts Gulliver, der hoch auf dem tarpejischen Felsen, das Menschengeschlecht hinunter wirft. Etwas dem vernichtenden Humor Aehnliches ist in mancher Musik, z. B. der Haydn'schen 2c.

Augen aus mitsammt der Nase; hauen ihm Arme und Beine ab — und sagen dann: Das ist der rechte Mensch! so muß er aussehen!*)

K.=R. Was soll die absurde Zumuthung sein?

P. Ein Gleichniß, wie Sie's mit der Geschichte gemacht haben! Durch Herausreißen aus dem Zusammenhang, durch Abhauen der schönsten Aeste und Zweige am Baume der neuen Geschichte ꝛc. haben Sie die Geschichte, jene Urania scheußlich verstümmelt; haben dann Ihr Scandalon und verpfuschtes Organon öffentlich vor aller, zunächst der bayerischen und deutschen Welt, aufgestellt — mit der Ueber- und Unterschrift: **Das ist euer Luther! Das ist seine Reformation!**

X. Werden Sie nicht so bitter gegen diesen meinen theuren Freund da! Es könnte Blitz und Donner geben!

K.=R. Man müßte wahrlich ein Lamm oder ein Engel sein, wenn man nicht Steine aufheben und sie auf solches M — werfen sollte!

X. Kein Amusement der Art, meine Herren! Ich dulde es nicht! Ein starker Geist, Herr Repräsentant, muß auch grobe Brocken verschlucken können! Wurst wider Wurst!

Kath. Ist ein recht eigenes Ding mit Luther und der Reformation! Hundert Jahre vorher schon haben zwei ökumenische Concilien eine Reformation der Kirche an Haupt und Gliedern für nothwendig erklärt; Huß und Wiclef und der ehrwürdige Savanarola fielen als die Opfer für die künftige That; Kalvin und Zwingli traten selbstständig und aus eigenem Antrieb für den endlichen Vollzug der längst erwarteten Reformation auf; deutsche Fürsten, ausgezeichnet durch Frömmigkeit und Muth, wie Friedrich der Weise und seine Nachfolger; freie Reichsstädte, wie Straßburg, Nürnberg, Augsburg ꝛc. erklärten sich trotz Gefahr und Haß für sie; — ein ganzer Reichstag, noch ohne konfessionelle Sonderung (Nürnberg 1523) hatte centum gravamina, sage hundert Beschwerdepunkte, nach Rom geschickt, — ja Papst Urban die Gebrechen der Kirche selbst anerkannt und Heinrich VIII.

---

*) Diogenes: Sehet da den Menschen des „Plato"! (ein gerupfter Hahn.)

sich auf eigene Faust vom Papst losgerissen. Gleichwohl ist und muß der Eine Luther der Sündenbock für alle sein!

X. Interessanter Mann, den die Einen bis in die Hölle verstoßen, die Andern, und zwar Millionen, bis in den Himmel erheben!

Kath. Meine Wißbegierde trieb mich frühzeitig, doch zu forschen, ob denn auch sine ira et studio unsere Schriftsteller über ihn berichtet haben? Ich studirte Seckendorff's Geschichte der Reformation, eine der ältesten, besten Schriften darüber; dann Leben und Wirken Luthers in Schriften von Walch, von Jäckel, von Pfizer, besonders in neuester Zeit, mit seinen wörtlichen Auszügen aus seinen Werken. — Was Breyer in seiner Weltgeschichte, ehemals in bayerischen Gymnasien eingeführt, was der Kirchenhistoriker Schmidt und andere tüchtige Männer der katholischen Kirche über jenen Mann und seine Zeit ausgesprochen haben — das lautet —

P. — Wohl anders, als Ihre Katechismusgeschichte, Herr Repräsentant! Sie haben, mein lieber Katholik, nicht weniger, als das billige audiatur et altera pars geübt, was in der justitia erste Regel ist.

K.-R. Sie sind einmal darauf versessen, mir jedes Jota meiner Religionsgeschichte zu bestreiten.

P. Ist Ihnen denn nicht auch aus der Zeitschrift „Protestantismus und Kirche" (Jahr 1859), aus dem „Evangelischen Kirchenboten" und andern öffentlichen Blättern die ernste und kräftige Entgegnung auf Ihre Geschichte bekannt?

Kath. Ja, darf ein Historiker einen der Weltgeschichte angehörigen Mann so hinstellen, wie Sie? Sie haben Ihrem Luthers- und Reformationsporträt nur Schatten, lauter Schatten, ohne Licht gegeben! Kann ein Mann von so hervorstechenden Tugenden so gar kein Verdienst um die Menschheit haben, dem sich Propheten, Könige und Nationen angeschlossen haben und noch anschließen? — Aufgegeben wäre also das alte Axiom noch nicht: Von Ketzern soll man nichts Gutes sagen! Einem Ketzer braucht man kein Wort zu halten! Das hieße so viel, als einem Ketzer gegenüber gibt es keine Wahrheit, folglich ist offenbare Lüge keine Verletzung der

Wahrheit, weil es keine Verpflichtung dazu gibt. Nicht blos Ihr Katechismus, die Geschichte zeigt es in blutiger Schrift. — Welch eine Moral aber? Stehen Christgläubige damit über oder unter Heiden und Türken? Jünger, Bekenner dessen, der den Weg, die Wahrheit 2c. sich nannte? Wie können deutsche Katholiken bei der in unserm Volke vorzugsweise herrschenden hohen Geistesbildung, dem geschichtswidrigen und unethischen Unwesen aus abgestandener Zeit Beifall geben?

K.=R. Seine Derbheit und Grobheit gegen seine Widersacher, selbst gegen den Papst, ist doch glimpflich bezeichnet mit „einem Mann von heftiger Gemüthsart"!?

P. Damals haben gelehrte fürstliche Herren selbst mit Ochs und Esel um sich geworfen. Hat denn der Dr. Eck, der Emser und Consorten einen feinern Ton gegen Luther geführt? Und wenn man ihn mit Bann, Gift und Dolch verfolgte — wenn man seine auf Bibel, Geschichte und Gewissen gegründete Lehre und Foderungen schlechterdings verwarf und stets nur auf unbedingtem Widerruf beharrte, — konnte ein gewissenhafter, von der Wahrheit so tief überzeugter Mann, ein deutscher Mann, ein beeidigter Doctor der heiligen Schrift, ohne Furcht und Heuchelei alles dies so lammartig hinnehmen? mußte er nicht die Donnerkeile der Schrift und Rede mordlustigen und verhärteten Gegnern hinschleudern?

K.=R. Er war unversöhnlich, da man ihm Frieden anbot.

P. Konnte er die Wahrheit, wie er sie erkannte, in und für die er lebte, und bereit war sein Leben zu lassen, — verrathen um des Gehorsams gegen den Papst und seines Anhangs willen, der ihn längst zur Kirche hinausgestoßen hatte?

Kath. Der (sanfte) friedliebende Melanchton selbst konnte es bei dem eifrigsten Bestreben, zu und nach Luthers Zeiten, — in den öffentlichen Religionsgesprächen mit den päpstlichen Parteigenossen zu keinem Vergleich bringen, — ohne die wesentlichsten Punkte der neuen Lehre und damit alles aufzugeben. Dies verlangte man gegnerischer Seits. Sich vergleichen, versöhnen, hieß in der That, sich unterwerfen, und somit das ganze, schon vollendete Werk zerstören.

Kath. Ich gebe zu, durch Vergleich konnte eine Einigkeit nicht erzielt werden, ohne daß sich eine der streitenden Kirchen der andern unterworfen hätte.

P. Beide Principien, die der unbedingten Autorität des römischen Stuhls und der Freiheit des Glaubens und Gewissens, auf Grund der h. Urkunden der Bibel und dem Beispiel der ersten christlichen Jahrhunderte, mußten bleibende Gegensätze bilden, sich ausleben und im Kampfe versuchen.

Kath. Der Protestantismus hat bei 400 Jahren seine Berechtigung und Lebensfähigkeit allerdings bewiesen, — neben einer an äußern und innern Hilfsmitteln überlegenen römischen Hierarchie und Kirche. Ich glaube auch nicht, daß sich ein Princip und eine Kirche in der andern je auflösen werde. Beide Gegensätze, zu beiderseitiger Selbsterhaltung und Belebung, werden bleiben — bis ein ganz Neues zu Tage kommen wird.

P. Ich trete Ihrer Meinung bei.

K.=K. Aber die reichen Klöster und Abteien hat er habsüchtigen Fürsten und Herren preisgegeben.

P. Sie haben sie und konnten sie nach den damaligen Umständen allein an sich ziehen; haben sie aber (das vergessen Sie nicht) zum Besten für Kirche und Schule angewendet — auf dringenden Rath und Antrieb Luther's, freilich nicht alle in gleichem Maaße. Nicht e jure divino et eccles., sondern aus einer Nothwendigkeit der Zeit und Umstände wurden die Landesherren die Obersten, als Schutzherren der neuen, noch bis auf's Blut kämpfenden Kirche. „Eure kurfürstliche Gnaden sind unser Nothbischof," schreibt Luther an Friedrich den Weisen; nur Nothbischof also! — hören Sie!

Kath. Ja, was die weltlichen Rechte und Güter der Kirche als oft todtes Kapital betrifft, so hat schon Papst Paschalis II. mit Kaiser Heinrich V. selbst vertragsmäßig erklärt: es sollen dem Reiche alle die Herzogthümer, Markgrafschaften ꝛc., Münzen, Märkte, Zölle, kurz alle Regalien zurückgegeben werden. Vertrag und dem Kaiser feierlich geschworner Eid wurde freilich gebrochen. — Laſſen Sie alſo den Luther hiemit in Ruhe.*)

P. Die Abſchaffung der heil. Meſſe, Faſten, Beichte, Fürbitte für Verſtorbene rechnen Sie ihm zu Schuld und Strafe an? Wo hat denn die Bibel, als erſte Quelle unſerer Religion, und die chriſtliche Kirche des 1. und 2. Jahrhunderts Lehre und Vorſchrift für Meßopfer, Ohrenbeichte u. ſ. w.? Und welch' ein Mißbrauch iſt mit den Meſſen und Seelenmeſſen getrieben worden? Welche Gold- und Silbergruben hat man aus ihnen gemacht? Luther und alle die edlen und hohen Geiſter der Reformation mußten ſie als urſprünglich unbegründete und wegen ihres Mißbrauchs gefährlich gewordene Menſchenlehre und Satzung wegwerfen (indem er als Reformator auf's Urchriſtenthum im Neuen Teſtamente und in der erſten apoſtoliſchen Kirche zurückging). Das rein chriſtliche Abendmahl, vom kirchlichen Meßopfer verdrängt, hat er in urſprünglicher Geſtalt und Kraft wieder eingeſetzt; die Ohrenbeicht als Seelentyrannei, aber nicht die Beichte, verworfen. Die Fürbitten für Verſtorbene (die einträglichen Seelenmeſſen, wo z. B. der Kurfürſt Friedrich der Weiſe die Abhaltung von 10,000 Seelenmeſſen für ſich einſt teſtamentlich verordnet hatte) zur Erlöſung aus dem Fegfeuer und Erlangung der Seligkeit, als unbibliſch und unvernünftig erklärt.

Kath. Daß er aber die guten Werke für unnütz erklärte, — iſt eine Wahrheit, die . . .

P. — ich nicht leugne, aber wie pfiffig, H. Repräſentant, haben Sie Ihre Sache gemacht! Sie haben alle nähern Beſtimmungen darüber ausgelaſſen, — er hielt ſie vom Auguſtiniſchen Standpunkt aus aus eigenſter Erfahrung für unnütz — ſo nämlich, daß ſie uns nicht können vor Gott gerecht und ſelig machen.

Kath. Er hat ſie alſo nicht ſchlechthin verworfen?

P. Wie konnte er das, er, der doch die zehn Gebote kannte, in ſeinen großen und kleinen Volkskatechismus aufnahm, trefflich erklärte, ſelbſt wie ein Schüler „obgleich" ein alter „Doctor", den Glauben und die

---

*) Dullers Geſch. d. Deut. S. 188 u. 89.

Gebote täglich betete — und wahrhaft gute Werke, aus dem Glauben, der in der Liebe thätig ist, durch Wort und eigene That gethan hat.

K.-R. Er hat aber doch dem Glauben einen ungebührlichen Vorzug vor den guten Werken gegeben?

P. Wenn er den Brief des Apostels Jakobus, welcher die guten Werke besonders betont, einen strohernen nennt, — ja dann setzt er sie zurück; aber wenn (doch nur scheinbar) er irrte, so irrte er mit Paulus, Ihrem Apostelfürsten. Paulus hebt in seinem Römer- und Galaterbrief vornehmlich den Glauben hervor.

Kath. Wie soll ich diesen Widerspruch jener Apostel nehmen?

P. Es ist kein wahrer, nur scheinbarer Widerspruch. Paulus eifert gegen die Anhänger der Werkheiligkeit (Beschneidung, Fasten, Neumonde); Jakobus gegen die Verehrer des todten, geistlosen Buchstabens, Lippen- und Gedächtnißglaubens.

Kath. Sonach sind Luthern und seinen Protestanten überhaupt die guten Werke unerläßlich, — aber nicht in erster, sondern in zweiter Linie stehend?

P. So ist's! Wie die Wurzel zu Baum und Frucht sich verhält, so der Glaube zu den Werken. Sie setzen sich einander voraus, bedingen einander. Luther, kein bloßer Stuben- und Büchertheolog, sondern ein Mann des Lebens und aus dem Leben, dem eigenen, innersten, konnte durch die gewissenhaftesten Werke, das strengste Fasten, unermüdetes Beichten, mit dem Bettelsack der Armuth in Erniedrigungen, mit Tödtung des natürlichen Menschen, den Frieden mit Gott und seinem Gewissen nicht erlangen. Als er aber immer eifriger in der wieder gefundenen Bibel suchte, und von Paulus über die Gerechtigkeit des Glaubens an die durch Christum uns erworbene Gerechtigkeit bei Gott belehrt wurde; da jauchzte sein Inneres ob des Pauli Ausspruches: „Der Gerechte wird seines Glaubens leben!" „Nicht um der Werke willen (auf daß sich nicht Jemand rühme), sondern nach seiner Barmherzigkeit macht er uns selig."

Kath. Wie haben Sie nun Luther's Heirath dargestellt?

P. Mit einer geschickten Wendung und Auslassung aller mildernden Umstände! „Er hat, dem Katechismus gemäß, nicht nach göttlich — und menschlichem Rechte eine „Schwester," wie es war, zum Weibe genommen; sondern er brach (der Meineidige) das Gelübde der Keuschheit und nahm eine Nonne zum Weibe." Das achte Gebot Ihres Katechismus steht wieder nur für Andere, nicht für Sie da!

Kath. Freilich, das Mönchs- und Klosterwesen, besonders in seiner damaligen Entartung, ist weder in dem Sittengesetz (10 Geb.), noch im Neuen Testament überhaupt, noch im Leben der Apostel und ältesten Christengemeinden begründet. Für die Reformatoren, in specie für Luther zumal, hatten die Klostergelübde alle Gültigkeit verloren. Und er hat, erst Jahre nach Beginn der Reformation, 42 Jahre alt, schon außer der katholischen Kirche durch evangelische Lehre und päpstlichen Bann stehend, durch freie, kühne That das willkürliche Gesetz der Ehelosigkeit für null und nichtig erklärt. Und so wenig er damals noch ein Augustiner-Mönch war, so wenig hat er in Kath. v. Bora eine Nonne geheirathet — ein neues Mitglied einer neuen Kirche, in der es von jener Zeit an gar keine Nonnen und Mönche, und keine Kloster- und Ordensheiligkeit mehr gibt und gab.

P. Waren denn, Herr Repräsentant, die Apostel Petrus und Paulus und die übrigen schon ganze oder nur halbe Mönche? — Sie müssen, nolens volens, consequenter Weise Ja sagen!

K.-R. Nach der Tradition — —

P. Hören Sie den Apostelfürsten Paulus selbst in seinem 1. Briefe an die Korinther, Cap. 9, V. 5. (wenn nicht abermals die 5—600 Jahre spätere Tradition ihn Lügen strafen muß): „Haben wir nicht auch Macht, eine Schwester zum Weibe mit einherzuführen, wie die andern Apostel, und des Herrn Bruder und Kephas? (Petr.)

Kath. Aber, wie, Herr Repräsentant: Petrus hatte ein Weib (das ist nun gewiß), und dem Luther macht ihr's zum Vorwurf, daß er Petri Exempel nachahmte? Wie bedürfen nun unsere Päpste, als Petri

Nachfolger, zu größerer Heiligkeit des ehelosen Standes und sanctioniren seit Jahrhunderten Cölibat, Mönchs- und Nonnen- und Ordenswesen als höhere Stufe christlicher Vollendung?

K.-R. Nach der Tradition hat Petrus später seine Frau wieder entlassen?

Kath. Sich also von ihr quasi geschieden?! wovon die authentischen Urkunden ganz schweigen! Und warum war bis zu Gregor VII. (Hildebrand) über 1000 Jahre die Ehe der Geistlichen erlaubt, unangefochten und bestehend? —

P. Die Anfänge dazu wurden freilich, wie zum ganzen päpstlichen Katholicismus schon im 3. und 4. Jahrhundert gemacht, mit der Ehelosigkeit der Bischöfe! Die Zeiten der Verfolgung machten es räthlich und dienlich. — Hätte sich aber Petrus, nach der Tradition, dem politischen Hinterthürchen, von seinem Weibe geschieden, — so hätte er gegen Jesu ausdrückliche Worte gefrevelt: „Wer sich von seinem Weibe scheidet, außer um der Hurerei willen, der bricht die Ehe." — Machen Sie Petrus zum Ehebrecher? —

K.-R. Wollen davon absehen. — — Sie stützen sich immer nur auf das Neue Testament und die Kirchengeschichte, — wir aber lassen außer der Bibel noch eine Bibel gelten, die ehrwürdige Tradition.

Kath. Das ist denn so eine Art Urkunde, mit der es die dichtende Phantasie und die Sacra Politia halten muß; — freien Spielraum gegen das beschränkte und beengende Schriftwort! —

P. Behalten Sie diese Hinterthüre zur Rechtfertigung Ihres Systems! — Aber daß Sie den Bauernkrieg, den 30jährigen Krieg, geradezu der Reformation aufrechnen wollen, wenn auch etwas versteckt!? Gab es denn nicht schon lange vor Luther (im Jahre 1502) Bauernaufstände? — Haben die Bauern nicht a. 1523—24 wie früher, gegen den Druck des Adels Revolte gemacht? Haben Sie mit Unrecht unter ihren Artikeln auch den der freien Predigt des Evangeliums? Wer hat dann wieder stärker, als Luther gegen ihre Gewalt- und Unthaten geschrieben. Und wo brannte das

Feuer am längsten und wildesten als am Main, unter streng katholischen Fürsten?

Kath. Wer mag der Geschichte, jener unbestechbaren Richterin, widersprechen?

P. Nur noch einen Flecken, einen recht garstigen Flecken, müssen wir mit der Fettkugel der unparteiischen Berichterstattung aus Luthers Bild heraustilgen?

K.-R. Der wäre?

P. „Er scheute nicht **leicht ein Mittel**," sagen Sie, „um seine Partei zu vergrößern; wie er denn auch dem Landgrafen von Hessen erlaubte, zu seiner noch lebenden Frau eine zweite zu nehmen."

X. Schön! Herr Repräsentant macht den Luther zu einem Jesuiten, der grundsätzlich die Mittel durch den Zweck heiligt.

Kath. Sehe ich aber den Luther an von außen und innen — zu einem Jesuiten, meine ich, kann man ihn durchaus nicht brauchen. Seine ganze deutsche christliche Natur sträubte sich dagegen.

P. Den eigenhändigen Brief Luthers an den Landgrafen haben Sie nicht gelesen oder wieder vergessen? Geben Sie sich doch die Mühe, im evangelischen Kirchenboten (Jahrgang 1859.) ist er abgedruckt! Wie hat er den Landgrafen so ernstlich davon abgemahnt; seinen Schritt nie gebilligt, und nur nachgegeben, um größeren Fall des sonst ehrlichen, sittlichen Fürsten zu verhüten!

X. Warum sagen Sie nichts von einem Herrn von Gleichen, der unter päpstlichen Augen und Ohren lange vorher zwei Frauen hatte? Nichts von der Päpstin Johanna und den Colonnen (Päpste aus den adeligen Familien der Colonnen), gegen welche der Landgraf und Luther wie Heilige dastehen. — Päpste haben von geschwornen Eiden entbunden, — Verträge und Eide selbst gebrochen, wie oben bei Paschalis II. kurz bemerkt ist!

K.-R. Sie sind ein Abtrünniger und nehmen jetzt Partei gegen mich!

X. Will eben hören, was Sie dazu sagen. Die Opposition ist ein Reizmittel, die Wahrheit mehr an den Tag zu bringen, sagt man.

X. Noch Einiges lieber von der europäisch berühmten Broschüre des Herrn Laguerronière! —

K.-N. Von der sollte man — — auf 1000 Scheiterhaufen alle französischen, italienischen, deutschen, englischen, russischen und spanischen Exemplare und Uebersetzungen verbrennen!

Kath. Ist vielleicht nicht so arg damit, als Sie meinen! Prüfet Alles! —.

K.-N. Und was sagen denn Sie davon? — gefällt Ihnen wohl gar? —

Kath. Ich? — Antonelli sagt anders als Cavour; der französische Klerus anders als der intelligente Theil des französischen Volkes; die Ultramontanen und Jesuiten überhaupt anders, als die liberalen Katholiken in Preußen und Oesterreich. —

K.-N. Aber die Protestanten, — die jubeln doch und lachen sich in die Faust all überall?

P. Ob die besonnenen Protestanten sich einem schadenfrohen Jubel hingeben? — Man schildert von einer Seite her spöttisch die Freude der Engländer, wie sie die Propheten Hesekiel und Daniel aufschlagen und das Ende des Antichrists kommen sehen! — das Ende des Papstthums!

X. Nun ja, die guten Leute vergessens halt nicht, daß sie jährlich einmal von der Peterskirche herab feierlichst im Namen der Dreieinigkeit und der Zweieinigkeit, der Apostel Petrus und Paulus, in den Bann gethan werden!

P. Und daß Herr Cardinal Wisemann neulich den Muth hatte, laut und offen, mitten in der Welthauptstadt London, den Kampf gegen den Protestantismus bis zur Vernichtung zu proclamiren; — und wie viele katholische Vereine in Deutschland einmüthig dasselbe Ziel sich vorsetzen mögen!

K.-N. Sie, mein Katholik-Mitbruder, scheinen nicht recht herausrücken zu wollen mit Ihrem Urtheil über jene odiöse Broschüre!

Kath. Herr Dentu, der Verleger, ist mit 80,000 Exemplaren herausgerückt und hat eben so viele Franken dafür eingestrichen; — hat Appetit zu noch mehr Frank's und Broschüren! — —

P. Ist ein Zeichen der Zeit — jener **Pape et le Congrès**! — ein Zeichen, daß das Rückwärts und immer mehr Rückwärts nicht mehr gehen will; daß die Broschüre eine neue, formell modificirte Auflage der Schriften vor 300 Jahren*) „von der Babylonischen Gefangenschaft der Päpste." — „An den Adel deutscher Nation" ꝛc. ist; und leise erinnert an die Centum gravamina nationis Germaniae des Nürnberger Reichstags von 1523.**)

K.-R. Gehört nicht hieher! Referiren Sie einmal weiter, Herr X.

X. Nun — schon die äußere Ausstattung ist elegant und gefällig; um so mehr der Inhalt süß und einschmeichelnd.***)

K.-R. Nun, was wird nachkommen? Lobeserhebungen bis an den Himmel?!

X. Nur gemach, mein Freund! Hören Sie geduldig weiter! — Chloroform und Schwefeläther betäuben ja die Welt, und den Weltschmerz. Ich meine nämlich auch hier den politischen Chloroform. In fünf Kapiteln gibt der Broschürenmann seinem Patienten gute Dosen dieses Aethers; im 6. und 7. wird die Amputation gewisser kranker Glieder vorgenommen; in den übrigen fünf bekommt der Amputirte stärkende Tropfen, die tröstende Versicherung: nach überstandenem, kleinen Wundfieber wirst Du Dich wie neugeboren fühlen.

K.-R. Das teuflische Kunststück des vermaledeiten Tausendkünstlers! —

Kath. Ruhig von der Sache gesprochen, sogar in Spanien hat man das Kunststück mit Beifall aufgenommen!

X. Von meiner ihn entzückenden Stelle im Evangelium Matthäi Cap. 4 sagt er zwar kein Wort, aber (toute la même chose!) er macht den philosophischen Juristen Montesquieu zum Gewährsmann. „La pas-

---

*) Von Dr. Martin Luther.
**) 1523 an die römische Curie gerichtet.
***) Kurz, sie ist aus Pariser Eleganz, Complaisance und diplomatischer Feinheit zusammengesetzt.

sion fait sentir, mais elle ne fait jamais voir." S. 1 der Broschüre.

K.-R. Somit erklärt er gleich von vorn herein seinen erhabenen Patienten für blind?

X. Cap. II. und III. S. 9—10 stellt er folgende Sätze auf: „Die katholische Autorität ist unvereinbar mit der conventionellen Autorität, den öffentlichen Sitten, den menschlichen Interessen, den socialen Bedürfnissen." Ibidem S. 9—10: „Die Lösung des Problems, Papst und König zu sein in einer Person, ist in den hergekommenen Regierungsformen der Völker nicht zu finden. — Die Macht des Papstes kann nur eine väterliche sein!" S. 11. „Die Aufgabe eines großen Staates muß sein, politisches Leben in jedem nothwendigen Fortschritt zu fördern. Aber des Papstes Gesetze sind an Dogmen gebunden." S. 15. „Erhabenheit durch Herrschaft über alle Völker ist Seelencommando." Cap. V. S. 15—17: „Geschichte, Religion und Politik rechtfertigen eine Beschränkung der weltlichen Macht des Papstes. Der Papst erhebe seine Hand zum Segnen, nicht zum Schlagen!*)

Kath. Nach diesem Einschläferungsäther — —

X. Kommt es zur Amputation!

K.-R. Dem heil. Vater sein weltliches Reich nehmen heißt ihm im Grunde auch sein geistliches Reich nehmen, — seinen weltlichen Schutz (Armee), seine irdische Herrlichkeit nehmen, — ihn seiner unantastbaren Autorität, seiner geistlichen Herrschaft entkleiden.

Kath. Wahres und Falsches auf einmal behauptet. Der Katholik kann sich eben die Kirche nicht leicht ohne sichtbares Oberhaupt mit geistlicher Machtfülle und äußerlicher Herrlichkeit — denken; daher hält man auf das Erstere und will nicht lassen vom Letzteren.

K.-R. Das beweisen die $^1/_2$ Million Unterschriften deutscher Adressen an den heil. Vater; die einmüthige öffentliche Erklärung aller deutschen, österreichischen, schweizerischen, holländischen, englischen, schottländischen, irländischen Bischöfe.

---

*) Siehe im Anhange die französischen Stellen

Kath. Der Akatholik hat eine andere Geschichte seiner Kirche; eine Kirche ohne Thurmspitze, — ohne einheitliches Regiment über Alle und Jede, in freien und manchfaltigen Verfassungsformen — nach dem Beispiel der Kirche der ersten sechs und der Geschichte der letzten drei bis vier Jahrhunderte.

X. Die Akatholiken, wenn sie's thun und thäten — ließe man nicht lange jauchzen. — Wir helfen vielleicht französisch-napoleonisches Papstthum errichten, in einem zweiten Avignon. Das läßt ja der Mann Europa's und des Kaiserreiches fast durchblicken! Er gibt schon dem Papst Macht und Befehl über alle Völker (in seiner Broschüre), ohne Beschränkung auf die bisherige confessionelle Weltkarte, eine Entschädigung für Romagna und die Marken.*)

K.-R.   „Eheu, fugaces, Postume, Postume,
        Labuntur - Protestantes!"

X. Wird aber euch deutsche Katholiken zu Köln am Rhein und München an der Isar nicht ganz gut bekommen. —

P. Wird vielleicht der erste Act des Antichrists aufgeführt werden, — wird ein Cäsareo-Papstthum — zusammengesetzt aus Papst mit rein geistlicher, und aus Cäsar-Napoleon mit rein weltlicher Macht! — Eine Seele in zwei Leibern, die dreifache Krone und eine vierte, die kaiserliche auf dem Haupte.

X. Siehe da eine chinesische Erscheinung im modernen Europa! — ein Kaiser des himmlischen Reiches, — ein Beherrscher aller Gläubigen und — Ungläubigen, nolentes-volentes! —

P. — und eine neue, verbesserte (!?) Auflage des untergegangenen heil. römisch-deutschen Reiches! Was ein Hohenstaufe und ein Carolus Magnus nicht vermochte, — das Papstthum zu beschränken, — und das schwarze Meer mit der Nordsee zu verbinden, — das konnten und können doch ja nach etlichen Jahrhunderten

---

*) Was ist nicht alles Unerwartete von dem politischen Proteus zu erwarten? Er nennt den Papst geradezu das Oberhaupt der Christenheit.

zwei Napoleone und ein Ludwig! — In S. 8*) seines „Pape" etc. verbirgt er seine Hintergedanken bezüglich dieses großartigen Stücks von Weltgeschichte. „Der Papst soll kein partisan mehr sein, — nämlich — ungesagt — doch gesagt, — nicht mehr „de l'Autriche," sondern „de la France."

K.-R. Was mögen noch für siebenköpfige Thiere aus dem Abgrunde heraufsteigen mit Kronen, Hörnern und Scorpionen, — was für Sonnenweiber — — bis das Lamm auf dem Throne, der heil. Vater auf dem Stuhle Alles unter seine Füße gelegt hat!" (Offenb. Joh. Cap. 17 und Cap. 19.)

X. Von unserm Herrn Confrater kann man nicht sagen: „Ich hab' mein' Sach' auf Nichts gestellt!" Er stellt recht schön Alles auf Eine Auctorität, auf Restauration, und doch wieder Stagnation und Promotion! — Ihm ist seine Christenheit — die Menschheit selbst, und eins von beiden, oder höchstens beide zusammen — das All der Welt! —

Kath. Denkt selbst der Geist des Faust**) nicht so hoch von seinem Wesen und seiner Wesenskraft.

„Bescheidne Wahrheit sprech ich dir,
Wenn sich der Mensch, die kleine Narrenwelt,
Gewöhnlich für ein Ganzes hält;
„Ich bin ein Theil des Theils, der anfangs Alles war" 2c. 2c.

P. Das 19. Jahrhundert hat eine andere Welt, als das 15. und 16. vor sich, und selbst das römisch-geistliche Regierungssystem hat sich trotz eiserner Consequentia viel und oftmals alteriren oder accomodiren müssen. — — Wird man mit dem erneuerten Retorquiren, Inhibiren und tausendjährigem Anathematisiren das Zeitrad aufhalten? rückwärts bringen können? — „Le Pape" etc. etc. ist ein bedeutsames Zeichen der Zeit! Broschüren über diese Eine Broschüre von allen Seiten!

Kath. Bis das fait accompli alle Broschüren verschlungen hat.

---

*) L'on dit du chef etc.
**) S. 51. Faust von Goethe.

K.-R. Muß man denn jetzt, wo keine Auctorität recht fest stehet, der Napoleon seine Hand sogar nach dem **Universum***) ausstreckt — und es muß schweigen, — wo der Materialist sein niederträchtiges System zur einzigen Wissenschaft erhebt, und die Legionen Jünger des praktischen Materialismus ihm huldigen, — muß man nicht Halt! Halt! rückwärts! rückwärts! aus voller Kehle, mit aller Kraft — rufen, schreien? donnern? —

Kath. Wer die Auctorität der Religion vom Himmel, die wahre Auctorität der Kirche Christi auf Erden läugnet, wer Religion, Moral, Recht und Gesetz über Bord werfen will — ist kein weiser und guter Mann; sein Fortschritt ist Rückschritt, seine Freiheit grenzenlose Willkür!

K.-R. So seien Sie nicht gegen unsere wohlgemeinten Bestrebungen und nothgedrungenen Maaßregeln!

Kath. Ich bin gegen nichts, als gegen Inquisition und Fanatismus, den man wieder heraufbeschwört oder heraufbeschwören will.

K.-R. Sollen wir die Dinge in Italien gut heißen? Den Abfall der Staaten von Kirchen- und Staatsfürsten sanctioniren?

X. Beklagenswerth sind die jetzigen und künftigen Ereignisse! — nach staatlichem Recht — ganz unrecht die Attentate Napoleons und seines Annexanders**) Victor Emanuel. Aber seufzte nicht das italienische Volk — wie lange schon, unter furchtbaren Leiden? Man ignorirt sie, vertuscht sie von gewissen Seiten her — und will alles Unrecht mit dem Principe der Loyalität und des Rechtes der Staatsgewalt, der Verträge, des 1000jährigen Herkommens für Recht erklären! Die alte Klage in Italien über politische und geistige Knechtschaft ist eben die kranke und wunde Seite, welche einem Napoleon, da wie dort in Europa, das Messer des

---

*) Verbot des Universums, des wichtigsten kirchlichen Blattes in Frankreich.

**) Annexander, statt Alexander, wegen seiner Annexirungsgelüste.

Wundarztes in die Hand gibt. Keine religiöse Toleranz, keine zeitgemäßen Institutionen, — wie in Deutschland. Die brutale Gewalt, das Einkerkerungssystem in Neapel und Sicilien ꝛc., — die Inquisitionskerker in Rom!

K.-R. Sie declamiren wieder mit vollen Backen! — ein Kryptoprotestant oder Geheim-Secretär des göttlichen Louis in den Tuilerien! Der **Protestantismus**, er und nur er ist die Herzwurzel alles Weltübels! aber er ist im Innern zerfallen und muß gänzlich fallen!

Kath. Ich habe Herrn Jörg's Schrift über dieß Thema gelesen, auf die Sie wohl anspielen; aber die Protestanten antworten ihm und Ihnen ruhig: „Versucht*) es mit eurem ultramonen befeindungs- und vorsündfluthlichen Rückschrittssystem; vernichtet alle Freiheit der Forschung; lullt die deutsche und französische Jugend auf Jesuitenschulen in lebenslänglichen Schlummer ein; laßt Priester und Mönche wieder die Welt regieren! — ihr müßt dann in eurer gerühmten Consequenz zugleich das Licht der Civilisation mit dem Leuchter der evangelischen Wahrheit wieder auslöschen; müßt uns überreden können, daß Tetzel (den ihr so sehr schonet), nicht Luther, einer der größten Deutschen, daß die Dichter der „Amaranthen", nicht die Schöpfer eines „Wallenstein und Götz v. Berlichingen", die wahren Träger der deutschen Nationalität seien.

K.-R. Sie möchten eben mit Ihrem Bibelbuch das Meßbuch, das kanonische Gesetz, das Tridentinum ꝛc. verdrängen.

Kath. **Der Geist**, mit dem Sie in Ihrem Würzburger Katechismus die Geschichte corrumpirt, hat das ganze **spanische** und **italienische** ꝛc. Volk corrumpirt! Politische Wiedergeburt wird seine geistige nicht ersetzen; Italien wird und kann gar leicht ein

---

*) Sogar Männer, die von vorneherein mit ihrem Denken sich an die Schranken der kirchlichen Lehre gebunden hielten, — die Hermesianer! der tüchtige Theolog v. Hirscher ꝛc., sind dem ultramontanen Systeme früher und neuerlich gefährlich erschienen! —

Spielball ehr- und selbstsüchtiger Parteiführer werden; die Auflösung des Kirchenstaates allein brächte nicht das erträumte Paradies! Ja die Bibel, die Bibel, — und die Kirchenverbesserungsversuche — (warum verpönt man in Italien und Spanien sie so sehr?) hat man unterdrückt und eine Hautkrankheit gewaltsam in die innern Theile gedrängt; das ganze Haupt ist krank; das ganze Herz ist siech! —

K.-R. Wie kann und konnte man im Kirchenstaate Toleranz in kirchlicher Hinsicht statuiren? — vor den Augen des Hauptes die abgerissenen Glieder sich gebahren lassen?

Kath. In Frankreich — im neuern, und noch mehr in Deutschland herrscht die ausgedehnteste Toleranz! und wo ist mehr wahre Religiosität und lebendige Kirchlichkeit in katholischen Ländern, als gerade in Deutschland? Die romanischen Völker Italiens, Spaniens 2c., mehr und mehr unter strenger Vormundschaft und Abgeschlossenheit gehalten, haben den religiösen Glauben verloren! er ist ihnen als Herzenssache abgestorben, da keine freie Wissenschaft, keine Volksbildung nebenbei ihnen gegönnt war und gegönnt ist.

K.-R. Die Wallfahrt zum heil. Rock in Trier von Hunderttausenden deutscher Katholiken a. 1844 — macht dem Bischof Arnoldi Ehre, — Ehre dem deutschen katholischen Volke!

Kath. Und was Droste von Vischering 1838 in Köln, und Erzbischof Hermann (von Vicari) in Freiburg gegen ihre (protestantische) Regierung gewagt haben und am Ende durchgesetzt — das hätte nie ein evangelischer Oberconsistorialrath sich unterfangen!

K.-R. Das gibt ihnen unsterblichen Ruhm!

P. — und den protestantischen Regierungen ein Zeugniß, — wie gut ihre katholische Bevölkerung daran ist — unter ihrem Scepter! Was aber sagen die protestantischen Ungarn, die Oesterreicher von — —? Sie sind, wie ich, Zeitgenosse der großen Völkerbewegungen seit 50 und mehr Jahren, im glühenden Streben nach freien und freiern Verfassungen — Zeitgenosse der staunenswerthesten Werke der Mechanik — des Dampfes, des elektrischen Funkens an länderdurchziehenden Metalldrähten, — der höchsten Geisteswerke deutscher Nation in Dichtkunst, Philosophie, in Malerei und Bildhauerei und Tonkunst 2c.! — Alles, Alles drängt sich über die Zeit der Väter und Urväter hinaus — — wie wollen, können Sie im Ernste stille stehen, rückwärts leben in eine abgelebte Zeit? —

K.-R. Die Kunst wird sehr hoch geehret, Musen und Musensöhne vergöttert! Eure Schillerfeste — —

Kath. Ich bekenne mich zu den dargebrachten Huldigungen des ganzen deutschen Volkes! — auch ein schönes Zeichen der Zeit! — „Die vielen Gegensätze,*) die sich sonst innerhalb Deutschlands geltend machen zu Deutschlands Wohl und Wehe, sie verstummen heute. Kein Norddeutschland und Süddeutschland, kein Lutherthum und Papstthum, kein Fortschritts- und Erhaltungsstreit, nirgends ein Mißton, laut genug, um die große Harmonie zu stören" 2c.

K.-R. Die Kunst in Tönen und Farben ist uns auch lieb und hat im Dienste der Kirche viel geleistet.

Kath. Aber die Kunst, die freie, nicht eines Andern Magd, sie fordert im Schönen auch das Wahre und Gute! —

„Von ihrer Zeit verstoßen, flüchte
Die ernste Wahrheit zum Gedichte,
Und finde Schutz in der Camönen Chor.
In ihres Glanzes höchster Fülle
Furchtbarer in des Reizes Hülle
Erstehe sie in dem Gesange,
Und räche sich mit Siegesklange
An des Verfolgers feigem Ohr."**)

X. Erlauben mir die Herren, daß ich drein rede hier; bin auch Aesthetiker ein wenig, wie oben gesagt. Was haben sie (die Protestanten) vor mit Luther, der Reformation und der Neuzeit überhaupt? Denkmäler über Denkmäler ihnen zu setzen! Die Kunst soll sie auch noch verherrlichen die geistigen Ritter und (die) Knappen der Vorzeit und Nachzeit! Da steht er mit

---

*) S. Döberlein's akademische Festrede, Erlangen, an Schillers 100jährigem Geburtstage gehalten.

**) S. Schiller's Lied an die Künstler.

der Bibel unterm gothischen Dach in Wittenberg! Dort soll er in Kürze zu Worms hoch unter fürstlichen und bürgerlichen Glaubenshelden colossal hervorragen; in tausendmal tausend Kirchen lebt er gewaltig in seinen Liedern! Im Berliner Museum haben sie's gar großartig vor mit ihm und einer Menge Majestäten, Celebritäten und Excellenzen. — Was machen Sie denn nun, Herr Repräsentant, wenn Sie zu so einem Kunstdenkmal oder einem Luthersbilde in getreuem Kupferstich zufällig und unversehens hintreten?

K.-R. Unwillkürlich verzerrt sich mein Gesicht*); ich schlage dreimal das Kreuz, wie vor'm Medusenhaupt, oder — muß ich höflichkeitshalber ja etwas sagen, so sprech ich: die Stirne! ja da sieht man das Talent, aber da! da! — in dem fetten Gesicht — drückt sich doch die Leidenschaft aus: Ist's nicht Selbstverläugnung genug?

X. Im Ueberfluß sag ich, und wie Sie sagen, geschieht's wirklich. Aber ich rathe doch dem Luther und seinem verschiedenen Anhang ein Stück Himmelreich zu lassen! Ihr könnt's nicht ganz verwehren!

Kath. Ja, kann man den Geistern, genährt mit dem Geist Christi, gebildet von den edelsten Geistern der alten und neuen Welt — von Plato bis Baco, — von Albertus Magnus bis Leibnitz und Schelling — von Homer und den Minnesängern bis Petrarca, Dante und Calderon; von Klopstocks göttlicher Messiade bis zu Schillers Jungfrau und Goethe's Dorothea und Iphigenia — bis zu des größten Humoristen „Titan" (Richter) — kann man den Geistern außerhalb der doch engen Gränzen unserer römischen Kirche — den Flug zu dem Höchsten, die Seligkeit seiner h. Nähe durch Anathema und Katechismen rauben? Hat sich Vater Rhein Bahn durch Felsen gebrochen, wie sollte denn nicht auch der unaufhaltsame Strom des Geistes durch alle Hindernisse sich Bahn brechen?

K.-R. Wir wollen uns nicht den schwankenden Wogen des Zeitgeistes überlassen — —

---

*) Sind Züge aus dem Leben.

Kath. — sondern sie in Fesseln legen, wie Xerxes den ungestümen, freisinnigen Hellespont einstens? Religion ist nicht identisch mit Kirche, wie nicht der Kern mit der Schale, der Geist mit dem Leib es ist! „Die Religion ist keine Nationalgöttin mehr (quasi), — sondern eine Hausgöttin! — Was ist aber die Religion? Sprechen wir die Antwort betend aus!" der Glaube an Gott. „Gott ist ein unaussprechlicher Seufzer, im Grunde der Seelen gelegen."*) Sein Urfreund, der Unendliche, den das Ich erkennt, verläßt es so wenig, als das Ich sich selbst, und mitten im unreinen oder leeren Gewühl der Kleinigkeiten und Sünden auf dem Marktplatz und Schlachtfeld steh ich mit zugeschloßner Brust, worin der Allerhöchste und Allerheiligste mit mir spricht, und vor mir als nahe Sonne ruht. — Wo Religion ist, werden Menschen geliebt, und Thiere und Alles! Wie paßt zu solcher Religion Ihre Religionsgeschichte? Ihre eng und knapp gezogene Seligkeitsgränze 2c.?

K.-N. Wo haben Sie denn diese schönen, hochtrabenden Worte her?

Kath. „Sind aus dem Geist und Herzen eines deutschen Mannes, der voll Glaube, Liebe und Hoffnung war, und nach dem heil. Apostel Paulus die **Liebe**, als die erste, in seinem Leben verklärt hat — nur in anderer als Ihrer Façon.

K.-N. Die Religion des Volkes, des großen Haufens muß abgemessene, feste Formen und Formeln haben; — kann sich der Tagesmode nicht bequemen!

P. Das soll's auch nicht! aber was an sich nicht gut und wahr, was dem Volksgeiste, Bedürfnissen, Rechten und Sitten offenbar zuwider ist — kann man das zurückschrauben, fest bannen wollen, als von Ewigkeit zu Ewigkeit? Sechstausend Jahre zählt die Menschheit auf Erden. Und wenn man nicht mehr ein 1860, wenn man 18,860 schreibt; — wenn alle Katechismus- — alle römische und morgenländische Fragen und Lösungen in keinem Rammer und Ranke mehr zu finden; wenn die

---

*) Sebastian Frank, ein alter Deutscher.

wichtigsten Fragen der Theologie*), wie jetzt die der alten Scholastik, kaum mehr belächelt, — wenn „St. Peters wunderbarer Dom" ein Ruin auf den alten Tempelruinen liegt; wenn alle Hengstenberge und Görres längst vergessen und der Geringste im Volk von der Weisheit redet, wie ein Apostel und Sokratesschüler; wenn der ganze Erdglobus schreibt, Nord- und Südpol Autor ist und jede Insel — selbst Neuseeland und Vandiemensland — eine Autorin ist, (wenn man eigne Städte baut, wo blos Bücher wohnen). — —

K.-R. „Dichter, wohin versteigest Du Dich?!"

P. Nach 18,000 Jahren? — versteigen? im Angesichte von Locomotiven und Telegraphen? — nein! wenn die Flora im Monde so gut bearbeitet ist, als die Länderkunde des Abendsternes, wenn alle 160 Sprachen aufhören, und „alle Welt, wie vor'm babylonischen Thurmbau," nur Eine Sprache redet; wenn die Menge der herrlichsten Genies und der Nationalgeschmack so vieler Inseln, Küsten und Jahrhunderte die höchste Toleranz, die weitesten Gesichtskreise und tiefsten Humore geboren, — — wenn die runzlichte, graue Menschheit ein Jahrtausend nach dem andern vergessen und der Planet Erde doch noch immer läuft — sage an, in welchem Lichte müssen Ihnen die furchtsamen Rückschrittsversuche, die leidenschaftlichen Griffe nach Macht und Länderbesitz, die Bedrückungen der Länder und Geister, in welchem Lichte muß Ihnen Ihre Geschichte und Ihre Absichten und Plane erscheinen?

K.-R. Sie werfen meine Besinnungskraft mit ihren unendlichen Wenn — und ihren Jahrtausenden fast zu Boden! —

Kath. „Laßt nicht Zank sein zwischen uns und ihnen"**); zwischen Deutschen und Deutschen, die Einen Dreieinigen glauben und verehren! „Sind wir nicht Eines Blutes, Eines Stammes?" Hat Kampf und Streit nicht fast 400 Jahre gedauert? Hat nicht Alles ein Ende? Haben wir gesiegt in dreißigjährigen Schlach-

---

*) Wie, wenn eine Maus eine geweihte Hostie frißt?
**) Abraham zu Lot.

ten? — Soll der Erisapfel immer die Religion, die himmlisch-göttliche sein? — Was Dichter uns gesungen, Weise uns gelehrt, bittre Erfahrungen uns gepredigt haben — und Gott durch sie — wollen wir's denn immer in den Wind schlagen, und seine Gerichte freventlich über uns herabrufen? — Nein! Nein! Es war ein schwerer, böser Traum! — Das Hirn überfüllt vom Blute blutiger Gedanken, der ganze Leib beschwert, erhitzt von verzehrendem Fieber!

K.-R. — ein schwerer Traum? und wer und was?

P. Ihre Geschichte, mein deutscher, eifersüchtiger, christlicher Mitbruder! — Sie haben sich in die Menschheit v o r sieben und achthundert Jahren zurückgeträumt, — in die Zeit der turnierenden Ritter und sich geißelnder Mönche. Die Romantik ist vorüber! Die romanischen Völker haben Schiffbruch im Glauben gerade durch G l a u b e n s g e r i c h t e gelitten, — denn die Romagna selbst, Campagna und Sicilien ist und wird aufstehen wie Ein Mann, und hört und will nicht mehr hören die Stimme ihres obersten Hirten; die germanischen Völker allein, in und aus deren Schooß die Reformation geboren, haben Glauben und christliche Tugend noch bewahrt. Ob nicht gerade ketzerische Könige und Fürsten den heil. Stuhl werden halten müssen?!

K.-R. Die deutschen Großmächte müssen einig wie Ein Mann gegen den Einen Mann und für den Einen Mann stehen! Was ist Preußen ohne Oesterreich?

P. —„und Oesterreich ohne Preußen — und ohne das e i n i g e Deutschland! Wenn Luther kein Voltaire-Luther nach Marat- und Danton-Luther bei Ihnen und den Ihrigen mehr ist — und das vergiftende Ketzerwort mit Ihrem Katechismus aus Herz und Mund der Deutschen verschwunden ist, — dann mag 10mal das alte Schreckenswort der Römer (für's jetzige Rom ein Wahrwort!): Hannibal ante Portas! erschallen, es wird zu keinem Hannibal intra Portas kommen.

Kath. Schicket euch in die Zeit, denn es ist böse Zeit! Wie ein Alp liegt die Gegenwart auf Fürsten und Volk. Rathlos und thatlos, ohne Führer und Heer, ohne Beistand von Außen! Zwietracht der Großen, Eifersucht, Furcht und Argwohn der Kleinen (Kleinstaaten) im Innern — so erbärmlich steht ein großes, starkes Volk seinem begehrlichen, stolzen und mächtigen Nachbarn gegenüber. Ein ganzes Jahr Gnadenzeit ist vergeblich gewesen. Auf die schicksalvollen Jahre 1805, 6 und 9 sind wir zurückgeworfen.

P. Aber die Zukunft eines verunglückten (nicht verdorbenen) Volkes hebt sich über menschliche Blicke hinaus. Irrig ist's, zu glauben, daß ein gefährdetes, ja gestürztes Volk nur von der Kette der Hilfsmöglichkeiten, die ihm vor Augen liegen, wieder in die Höhe zu ziehen ist. Daher wird kein Volk durch sichtbare, alte Hilfsmittel gerettet. Als **Rom**, entseelt, **ohne Freiheit und Sitte** da lag, und als an dem weithin gestreckten Riesencadaver eine ganze daran gekettete Welt hätte vermodern müssen; wer siegte über die ungeheuere, vergiftete Roma? wer? — das Dörflein Bethlehem! (Christenthum.)

K.-R. Mit dem kirchlichen und politischen Absolutismus muß es zum Entscheidungskampf kommen. Mögen alle deutschen Fürsten und Völker aller Confessionen auf Seite des Papstes, des Beschützers und Trägers aller weltlichen Throne stehen.

P. Auch der Throne protestantischer Fürsten? (Revolutionäre Auflösung des Königreichs der Niederlande. — Die päpstliche Allocution gegen Preußen für Droste v. Vischering ꝛc.) auch der Freiheit eines verfassungsmäßigen Staats- und Völkerlebens?

Kath. Sehr liberal, es wundert mich, zeigen sich Protestanten und ganze Vereine von Protestanten! Sie schicken dem Papste Geldsummen und Ergebenheitsadressen! Wäre der edle Mann nur von seinem Antonelli und dem großen Einfluß der Jesuiten frei!

P. Großartig wird das Adressenwesen nach Rom getrieben, aber auch übertrieben. Was mußte ich noch nicht lange in der Ergebenheitsadresse des Redacteurs des Univers lesen? „Du (Papst) bist das Licht und die Brustwehr der Seelen! Wenn der Papst nicht mehr König, dann wäre das Kreuz allen Kronen entrissen ꝛc. Die Menschheit würde die Götzen im Koth anbeten ꝛc. O Vater, o König, o du heiliges, unsterbliches Opfer ꝛc.

Kath. Soll der Hannibal nicht H. intra Portas werden und nach Blut und Schmach und Elend uns erst zu Fried und Einigkeit mit eisernen Würfeln und Ruthen treiben; so muß ein andrer, ein christlicher Hannibal, unser Kirchenfürst, der einst mit dem Paladium, nicht der Minerva, sondern des Evangeliums der Liebe vor Rom erschien, aber verkannt, als ein Gebundener in Christo; — der heil. Paulus muß unter uns gehört werden mit seinem Rufe: „Seid einig im Geiste durch das Band des Friedens! Ein Herr ꝛc.*)

P. Der Apostel der evangl. Freiheit ist aber noch ein Gebundener in Rom!

K.-R. Wir wollen ja nichts als Einheit, Friede, Versöhnung und Vereinigung! —

P. Haben Sie als Kind schon, bei der Firmung und heil. Communion, oder als Mann bei der Priesterweihe den Eid auf das Tridentinische Concil geleistet?

K.-R. Wie kommen Sie zu dieser Querfrage?

P. Jener Eid auf das Tridentinische Glaubensbekenntniß in Ansehung der Lehren, Sacramente und Gebräuche der römischen Kirche steht in Ihrem Katechismusanhange (S. 253) mit besonderer Betonung ihrer wichtigsten Unterscheidungslehren; da heißt es: „Ich verheiße, gelobe, schwöre, bis zum letzten Athemzuge meines Lebens ꝛc. zu behalten und zu bekennen ꝛc. ꝛc. „Also helfe mir Gott und sein heiliges Evangelium!" Kommt dieser Schwur aus voller Seele und bleibt sein Gegenstand in ihr, — was sind dann Ihre schönen Gebete S. 252 u. 53, und besonders die S. 237—243 von Uebung der Demuth, der Liebe, Begierde zur heil. Communion; Ihre Fürbitten für Lebende und Verstorbene? Vier Fünftel der Menschheit und ein starkes Drittel der Christenheit hat keinen Theil daran! Haß liegt neben der Liebe, Trennung neben der Einigung — und Deutschland's Christenheit genießt die bitteren Früchte — der 46jährigen jesuitischen Aussaat.

---

*) Ephes.

K.-R. Unser Gebet wird uns schützen — wir beten viel und für Alle.

P. Ich kenne die Laurentanische Litanei, habe sie in meiner Kindheit oft und andachtsvoll gebetet, — sie steht in Ihrem Katechismus S. 241, 247, 48 und 49. Wenn hier die heil. Dreifaltigkeit nur achtmal, dagegen die heil. Jungfrau, Mutter Gottes, 47 mal angerufen wird, — welch' ein Herz (wenn Ihnen all diese Gebete vom Herzen gehen) können Sie zu denen Akatholiken fassen, die das älteste, das apostolische Glaubensbekenntniß und die Anrufung des Dreieinigen allein kennen und üben? —

K.-R. Ich befehle Gott ihre Seelen!

Kath. Dem wollen wir überhaupt auch die unsrigen befehlen, — und um Versöhnung und Einigung für's bedrohte Vaterland flehen und ringen. Geben Sie mir die Hand darauf, daß Sie nicht im Geiste Ihrer Katechismusgeschichte, sondern in Geist und Kraft Ihrer schönen Katechismusgebete von Uebung der Liebe und der heil. Communion (sie sei eine Vereinigung mit allen Christen, die den Herrn anrufen und bekennen mit treuem Herzen) denken, lehren, predigen und handeln wollen.

K.-R. Ich ziehe die Consequenzen meiner Religionsgeschichte nicht absolut in's Leben hinein; ich erkläre meine Geschichte selbst nicht für eine totale Kriegserklärung gegen unsere deutschen, andersgläubigen Mitbrüder, — sie sei und sollte nur sein eine Ab- und Nothwehr gegen den frivolen Zeitgeist. —

P. Wie ein schwarzer Faden zieht sich durch das politische Labyrinth der kirchliche Zelotismus durch die deutschen Gauen und herrscht neben und auf der Könige Stühlen. Auch Sie haben, Herr Repräsentant, Ihr Schärflein reichlich zur Vergrößerung der allgemeinen Nationalsündenschuld beigetragen durch Ihren Katechismus und verwandte Libellen. Zerrissener sind die deutschen Gemüther, als in den Jahren 1800 bis 1813, die wir die Jahre schmach- und elendvoller Erniedrigung nennen. Keine Coalition, europäische, wie damals, in Aussicht! Der schlaueste Feind, täglich drohend mit Geißlung, Verspottung und Tödtung, unsern babylonisch verwirrten Zuständen hohnlachend.

Kath. Ja, Sie, Herr Repräsentant und Ihres Gleichen, Sie haben nun eben kein Vaterland, kein vaterländisches Interesse, keine Vaterlandsliebe. Deutschland ist und war euch von jeher eine römische Provinz Ihres hierarchischen Weltreichs. So muß jeder patriotische deutsche Katholik sprechen, der die Geschichte seines Volkes und die Geschichte Ihrer welschen Praktik kennt. Wenn nur Rom gewinnt und seine Armeen siegen, mag das (blasirte und corrumpirte) Deutschland in Feuer und Flammen stehen!

P. Ja, wir können vom Repräsentanten und seinem ultramontanisch=jesuitischen Anhang nichts erwarten, als die bittre Frucht ihrer Aussaat zu genießen. Da unten auf Erden ist's wüste, wie einst auf der chaotischen Tiefe; zu dem „Geiste, der über den Wassern schwebte" — und Licht und Leben allmächtig schuf — sei unser Geist und Herz gerichtet! Im Sinne des alten gottvertrauenden Königs müssen wir sprechen: „(V. 3.)*) Viele sagen von meiner Seele: Sie hat keine Hilfe bei Gott." (V. 4). Aber du Herr, bist der Schild für mich. (V. 7.) Ich fürchte mich nicht vor viel hundert Tausenden, die sich wider mich legen. (V. 9.) Bei dem Herrn findet man Hilfe, und deinen Segen über dein **Volk**." —

K.=R. Welches ist das Volk, das der Herr segnet?

P. Es ist das königl. Priesterthum, das heil. Volk ꝛc. (1. Pet. 2. 9), — das sich stellt und erbauet auf 1. Kor. 13. Kp. und 14 V." „Nun aber bleibet Glaube, Hoffnung, Liebe, diese drei; aber die Liebe ist die größeste unter ihnen."

---

*) 3 Psalm.

Anhang.

Citate aus „le Pape etc."

S. 9 und 10 der Broschüre. Comment l'autorité catholique, fondée sur le dogme, pourra-t-elle se concilier avec l'autorité conventionelle, fondée sur les moeurs publiques, les intérêts humains, les besoins sociaux? —

Comment le Pape sera-t-il tout à la fois Pontife et Roi? Comment l'homme de l'Evangile, qui pardonne, sera-t-il l'homme de la loi, qui punit? Comment le chef de l'Eglise, qui excommunie les herétiques, sera-t-il le chef de l'État, qui protège la liberté de conscience? tel est le problème à résoudre.

S. 11. Un grand État voudra vivre politiquement, perfectionner ses institutions, participer au mouvement général des idées, beneficier des transformations du temps, des conquêes de la science, des progrès de l'esprit humain. — Il ne pourra pas. Ses lois seront enchaînées aux dogmes.

Son activité sera paralysé par la tradition; son patriotisme sera condamné par sa foi! Il faudra, qu'il se resigne à l'immobilité, ou qu'il s'emporte jusqu'à la révolte. Le monde marchera et le laissera en arrière. Cap. V.

S. 15—17. L'histoire, la Religion, la Politique justifient donc complétement une dérogation aux conditions regulières et normales de la vie des peuples. —

Quand il (le Pape) élève la main, c'est pour bénir, et non pour frapper. —